川普厚黑學

DONALD TRUMP

你不能不知道的
川普成功術

左逢源──著

《川普煉金術》全新增訂版

什麼都敢說、什麼都敢做的行事風格讓與他打交道的人琢磨不透，更讓他的對手傷透腦筋。

川普締造了龐大的商業帝國，累積了傲人的資產，被喻為財富煉金師，他在商場上總是出奇制勝、無往不利，
打敗了一個又一個強悍對手。
他是典型的人生大贏家，有著非凡的成就，商業大亨、暢銷作家、影視明星、美國總統，四種截然不同的身份，
讓他身上的光環更加閃耀，他究竟如何創建川普帝國，如何將財富煉金術發揮到極致，又有什麼不為人知的成功訣竅？

〈出版序〉

你不能不知道的川普成功術

川普是典型的人生大贏家，有著非凡的成就，他究竟如何創建川普帝國，如何將財富煉金術發揮到極致，又有什麼不為人知的成功致富秘訣？

美國總統川普可說是當今世界最具影響力的人之一。當上總統之前，他已經擁有多項金光閃閃的頭銜：地產大亨、暢銷作家、影視明星，他的商業帝國橫跨房地產和娛樂事業，他創建的川普品牌是優質產品的代名詞。

就任美國總統後，他更成爲集權力、財富於一身的世界頭號名人，什麼都敢說、什麼都敢做的行事風格讓與他打交道的人琢磨不透，更讓他的對手傷透腦筋，在「美國優先」的中心思想主導下，一連串反穆斯林、反非法移民、反不平等貿易協定的強悍主張，也使得國際社會惴慄不安。

不少人認爲他是一個不按牌理出牌的怪咖、行事張揚的狂人、投機狡詐的富豪、爲了勝利不擇手段的政客。事實上，拋開個人好惡，就商業領域而言，他絕對是一個精采絕倫的財富煉金師，締造了龐大的商業帝國，累積了傲人的資產，在商場上總是出奇制勝、無往不利，打敗了一個又一個強勁對手。

沒機會就創造機會，沒運氣就創造運氣

衆所周知，川普曾經歷四次破產，但每次他都以略帶幽默的沉穩態度，因應川普商業國的起伏。無論商業競爭多麼殘酷，不管市場風雲如何變化，他始終憑藉過人的天賦和膽識、獨特的經營藝術和管理才能，不斷發展壯大自己的事業版圖。他總是帶著英雄式的微笑，若無其事周旋在名模美女之間，不斷製造話題，讓自己成爲一位家喻戶曉的超級富豪。

從某些角度來看，川普是個狡猾的生意人，不達目的，誓不罷休！在爾虞我詐的商場上，他始終展現著睥睨一切、捨我其誰的姿態，但難能可貴的是，他始終堅守著自己的信譽。

他最大的興趣就是做交易，並且在交易中大賺一筆。他喜歡高調行事，喜歡做大買賣，喜歡打垮對手獲得利益，覺得沒有比這更開心的事情。

川普是個野心勃勃的人，經歷過多次商業爭霸戰，積極的行動力與超高效率讓人望塵莫及，從早期的房地產開發，再到娛樂產業，一路走來，締造了驚人成就。他是一個爲自己的企圖心而活的人，無論遇到什麼挫折與難題，都會不屈不撓地加以克服、解決，並在過程中享受勝利的快感。

川普的一生可以用競爭兩個字概括，他希望在每項競賽中，自己都是出類拔萃的。身爲卓越的企業家，他的競爭意識決定了他勇於冒險，總是做一些別人不敢碰觸的高難度項目，最終也成就了別人無法成就的事業。

有人認爲川普好大喜功，膽子奇大，喜歡做一些看似不可能完成的任務，而且總是出人意料地把事情完成。

他一貫認爲，做大事和做小事花費的時間精力是一樣的，既然要做，爲什麼不往做大事的方面努力？正因爲大多數人只會打小算盤，才使得像川普這樣霸氣又積極的人脫穎而出。

機會無疑是成功致富的跳板，但有沒有機會、能否得到機會，關鍵在於用什麼態度、什麼角度對待。川普從來不等待機會自己送上門，而是主動撲向機會，從機會中掘取自己想要的「金礦」。

川普最擅長的就是透過自己的努力，改變自身所處的環境，化劣勢爲優勢，沒機會就自己創造機會，沒運氣就自己創造運氣。

川普認爲，一個人的才能、聰明跟成功沒有必然關係，成功最主要靠敏銳的直覺，以及鍥而不捨的熱情。

他深信，激情比聰明和天賦更加重要。這個世界是公平的，只要充滿熱情，願意爲自己的目標努力，就能夠得到相對的回報。他或許並不是最聰明的富豪，但絕對是對財富最充滿熱情的。

獨樹一格的成功致富法則

川普對成功有著異乎尋常的渴求，從不接受失敗。一旦樹立目標，就不顧一切去實現，堅信自己最後必然會成功。即使是在總統大選最後階段，飽受媒體輿論抨擊、可能面臨著一生中最慘痛的失敗時，他也信心滿滿地認爲自己最終後逆轉勝。他的名言是：我從沒失敗過，因爲我總是把失敗變爲成功。

川普是典型的人生大贏家，有著非凡的成就，商業大亨、暢銷作家、影視明星、美國總統，四種截然不同的身份，讓他身上的光環更加閃耀，他究竟如何創建川普帝國，如何將財富煉金術發揮到極致，又有什麼不爲人知的成功秘訣？

《川普厚黑學》以不同的角度深入剖析川普這個左右世界局勢的重量級人物，解讀他的「智富」人生，闡述他的傳奇生涯與致富訣竅，同時也以紮實的內容講述這位奇葩大亨獨樹一格的成功心法。

川普一生起伏跌宕，累積了豐富的商戰經驗，無論是打造川普商業帝國，還是出乎絕大多數人意料奪下總統寶座，都展現出非比尋常的致勝之道。你可以不喜歡這個人，但不能不知道這些超越一般認知的成功法則，就讓《川普厚黑學》帶領你一窺更多不可思議的成功魔法。

• 本書是《川普煉金術》的全新修訂本，謹此說明

03

財富來自不可能的任務

從華頓商學院畢業時，川普手裡已經賺到二十萬美元，接下來的幾年，這個大膽又有著旺盛野心的年輕人在商海裡橫衝直撞，很快就變成了一個很有魄力的地產商人。他的經商歷程就像坐雲霄飛車一樣。

04

勇闖曼哈頓

川普拿到了華頓商業學士學位後，開始嚮往曼哈頓，因為曼哈頓是紐約的首富之區，許多跨國大公司和國際大銀行都在該區的華爾街上。曼哈頓是川普的發跡之地，他在那裡完成了自己的夢想。

05

沒有運氣，也要創造運氣

所謂的運氣，從來都屬於那些有理想、勇於追求、有上進心的人。只有擁有了這樣素質，一個人才會最大可能地發揮自己的潛力。沒有運氣，也要創造運氣！這是對川普的成功最好的詮釋。

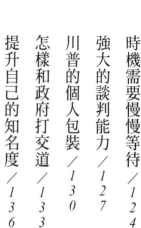

06 康莫多爾飯店

川普決心把飯店大廳變得與眾不同，使它成為民眾願意光顧的地方。如果他保持了康莫多爾陳舊、枯燥、毫無特色的原樣，將不會引起人們的任何興趣，也不會使飯店達到今天的經營水準。

07

川普大廈

川普大廈結合了設計、材料、地點、宣傳，還有運氣、時機，簡直被渲染上了一層層神奇的色彩。川普不單單把川普大廈當作一座漂亮的大廈來推銷，而是把它當做一個城市的指標。

08

進軍大西洋賭城

那時，不論是三．二億或二．五億，都意味著這是川普一生中所下的最大的賭注。每個人都問川普，為什麼他會考慮這樣一筆生意。川普的回答是：「我相信如果管理得當，它能賺到成噸的鈔票。」

09 抓住難得的機遇

新大樓改名為「川普高級時尚住宅」，川普公司在這個專案上的總收入超過二・四億美元。至於川普，則在這樁許多人都認為必將慘敗的生意中，得到一億美元以上的利潤。

10

沃爾曼溜冰場

記者會在鋪了一層基礎的溜冰場舉行，竟然有三四十名記者、攝影師出席這次現場招待會。第二天，各家報紙都寫下這樣的標題：川普給溜冰場帶來了冰的奇績、川普給沃爾曼蛋糕澆上了一層冰花……

11

締造商業帝國，成就人生贏家

川普一直在培養這種始終領先對手半步或一步的意識與能力，他在自己的生意中堅持這個理念，每一步都堅持這樣做，整個團隊和企業才能真正保持業界第一，成為領域的龍頭。

12 競選美國總統，迎接下一場挑戰

川普正式就任後開始實施他的新政，「川普」這個品牌，將通過他獨樹一幟的政治傳播和行銷活動而再度引人注目。川普也註定會以充滿魅力和爭議的個人形象，成為獨具一格的美國總統。

13 贏家之道

川普是個狡猾的生意人，不達目的，誓不罷休。在爾虞我詐的生意場上，他始終昂首挺胸，展示著當仁不讓、捨我其誰的姿態。這種行事手腕看似很不要臉，為達目的絲毫不顧及面子問題。

14 努力付出，就能收割財富

川普最大的興趣之一，當然就是做成交易，並在交易中賺一大筆錢。他喜歡獲得高分，喜歡做成大買賣，喜歡打垮對手獲得利益，因為沒有比這更棒的事情了。

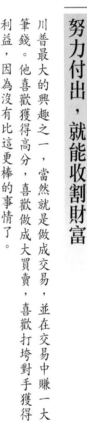

1
Chapter

人生就是一場豪賭

川普就像一個不斷挑戰自我的戰士，一旦戰鬥號角吹響就停不下來。他以十足的信心與戰鬥激情，締造了令人驚艷詫異的結局，也開展了嶄新的世界變局。

充滿傳奇色彩的富豪總統

人生就像一場比賽，你可能遭遇無數對手，但其中最可怕的那個，不是別人，而是你自己。川普令人驚艷的成功經驗告訴我們，外在的對手可以擊敗你，但不可能眞正打垮你。只有戰勝自己內心的敵人，你才有可能獲得人生這場比賽的勝利。

二〇一六年底的美國總統選舉過程充滿了戲劇性，最後結果也跌破大多數人的眼鏡。因爲這一次出現了一個超級攪局者，使得整個選舉充滿詭譎的氣氛。

這個打破選舉套路的候選人，是一個不按牌理出牌的異類，一個不遵守遊戲規則的狂人，他的名字叫唐納·川普。這個世界級富豪狂妄、不可一世，行事充滿爭議，又有一張超級毒辣的「大嘴巴」，什麼都敢說，什麼都敢幹，怪異的行事風格讓與他打交道的人琢磨不透，更讓他的對手頭痛不已。

實際上，川普從競選、當選到正式就任，不僅嚇壞了美國人，甚至整個世界都感到惶惑不安。誰也不知道他下一步想幹什麼，又會做出什麼驚人之舉，眞實的目的又是什麼。

川普當選美國總統，讓絕大多數人感到震驚、意外，同時也意識到這將是國際新局勢的開始，世界將會發生天翻地覆的大變化。他一點都不像傳統政客，連任命的政府官員也和以前大異其趣，就任之後祭出的新政策更讓人驚訝連連。但他是一個非常成功的商人，一手締造了龐大的商業帝國。他的創業故事在美國幾乎家喻戶曉，被視爲成功累聚財富的楷模。他在商場上總是出奇制勝、無往不利，打敗了一個又一個強悍的對手。

或許正因爲如此，最後美國人才選擇他，渴望這個有著英雄光環的總統，帶領他們再造美國夢。

作爲一個在商場上叱吒風雲企業大亨，川普的商業帝國橫跨房地產和娛樂事業，而川普本人，更是個炫富狂，以高調展示自己的品牌和理念聞名全國。

事實上，川普的確有自傲的資格，因爲他創造了別人難以企及的豐功偉業。

作爲充滿傳奇色彩的億萬富豪、地產大亨，川普是全球富豪榜的常客，個人總資產號稱超過一百億美元。他是紐約最具影響力的房地產大王——他的房子賣得最貴，卻賣得最好。因爲在房地產業取得的巨大成就，他的名字享譽全球。

除此之外，他還是一個暢銷書作家，多年來，他樂此不疲地著書立說，向世界傳播自己的財富傳奇、成功哲學。他的第一本自傳光在美國就賣出三百多萬本，還出版了多本關於成功法則的書籍，而且每一本都登上《紐約時報》暢銷書排行榜。

更不可思議的是，川普除了拓展娛樂產業之外，還是好萊塢星光大道上的影視明星。他一手主導廣受歡迎的「美國小姐」、「環球小姐」電視比賽，還成功策劃、主持風靡全球的實境眞人秀節目《誰是接班人》。在好萊塢電影《小鬼當家2》裡，他的表演十分搶眼，還曾兩次獲得艾美獎提名。

川普是一個典型的人生大贏家，在他身上有著太多成功者的光環。

這種光環讓他的狂傲、愛炫、不可一世的性格弱點變得微不足道，甚至連他那張語不驚人死不休的「毒舌」也成了個人魅力的象徵，被視爲坦誠直率的表現。

一個商業大亨、一個暢銷書作家、一個影視明星，三種不同的身份，讓川普身上成功者的光環無比閃耀，難怪那麼多美國人狂熱地崇拜他。川普從來都不欠缺粉絲，越是在社會底層奮鬥的人，對他的崇拜越是狂熱。在這些人眼中，川普是一個無所不能的財富魔法師，他就任總統之後，絕對能夠帶領全美國人都走上富裕之路。

不過，看似不可一世、戰無不勝的川普，也有一段非常艱辛的奮鬥歷程。和很多人的奮鬥經歷一樣，在他的事業拓展與個人發跡的過程，並非一帆風順。

川普出生於一個商業家族，在商海浮沉中曾經四次破產，每次都能東山再起，最終締造出一個巨無霸式的商業帝國。即使面對最險峻的環境，遭遇前所未有的困局，他也總是以略帶幽默的沉穩堅毅態度，因應川普王國的起落。

無論商業競爭多麼殘酷，不管市場風雲如何變化，川普始終憑藉超群的天賦和膽識、獨特的經營藝術和管理才能，不斷發展壯大自己的事業。無論在事業上遭遇任何棘手難題，川普總是不忘面帶著英雄式的微笑行銷自己，若無其事周旋在名模美女之間，不斷製造話題。

在商業上取得了巨大成功之後，川普又把目標鎖定在政治上，儘管過程無比驚險，最終仍如願當選美國總統。他就像一個不斷挑戰自我的戰士，一旦戰鬥號角吹響就停不下來。面對美國總統這個挑戰，川普雖然沒有從政經驗卻毫不畏懼。他以十足的信心與戰鬥激情，締造了令人驚艷詫異的結局，也開展了嶄新的世界變局。

自從二〇一五年川普高調宣佈參加總統競選之後，各種充滿爭議性的態度和言論更是層出不窮。再加上一張口無遮攔、火力四射的大嘴，川普確實讓媒體迎來了一場史無前例的歡樂盛宴。他像娛樂明星一樣在電視上、網路上發表者各種演講，各種報導鋪天蓋地，對他各種奇葩言論的查證、統計、剖析、批評等多得數不勝數。可以說，川普或許是有史以來最受媒體和公眾關注的美國總統候選人。

然而不管怎樣，川普又一次贏了，就像他一次又一次打敗商業上的對手一樣。川普就任之後，一連串又狂又嗆又直的發言加上築牆、拒絕難民、限制穆斯林移民、反對對美國不利的貿易協定……等等，徹底顛覆舊有的國際樣態。那麼，川普究竟是怎樣一個人？也許我們應該從他的人生經歷、奮鬥生涯，和成功之道中，摸清楚他的行爲模式，如此才能找到最接近事實的答案。

川普的成功致富心法

一九四六年六月十四日，唐納·J·川普生於美國紐約，二〇一六年底，當選爲美國總統，成爲一個集權力、財富爲一身的人。

在此之前，他已經擁有了多項金光閃閃的頭銜：成功的地產商人、優秀的暢銷書作家、眞人秀節目主持人。就任美國總統之前，他的正式身份是，川普集團董事會主席和公司總裁，在世界各地擁有衆多的優質房地產項目，他所創建的川普品牌已經成爲優質產品的代名詞。

毫無疑問，川普是個明星富豪，符合一切民衆對於財富英雄的想像，他的一生精采絕倫。從早期的房地產開發，再到娛樂產業，川普一路走來，在多個行業領域都創造了驚人的成就；從獲獎無數的高爾夫球場和摩天大樓，到成爲NBC眞人秀系列節目〈誰是接班人〉中的主持人和節目的聯合製作人，他展現了無與倫比的商業智慧！

事實上，我們每個人心目中都存在兩個自己，一個是現實中的自己，另一個是理想狀態中的自己。川普的成功歷程說明了，人生就是讓現實中的自己突破眼前存在的種種束縛，逐漸完善自己，最終成爲理想中的自己。

在川普的心目中，也有一個理想中的自己。那個理想中的川普，是生意場上戰無不勝的英雄，是受人崇拜的富豪。他的經商風格是簡練和直接了當，而不是華而不實的花拳繡腿。他追求實用性和有效性，用最簡單直接的方式打敗對手。

當然，要想在變幻莫測的商海之中取得成功，並且建立一個龐大的商業帝國，並不是一件容易的事。川普的成功致富之道，絕不僅僅是努力工作，或者擁有了不起的創意那麼簡單。

想成功致富，必須執著堅定，必須堅忍不拔，必須信心滿滿，必須求知若渴，必須靈活機動，必須沉著忍耐，還必須熱愛自己從事的工作。

沒有人天生就擁有這些特質，川普也不例外，然而，他做到了。

儘管川普的起點很高，跨進商業領域之前，他的父親已經是相當成功的地產商人。但他的父親只是給他打好了堅實的基礎而已，其餘的條件都必須依賴自己不斷學習、磨練、完善。

川普是個雄心勃勃的人，絕不滿足於他的父親局格，以及爲他鋪好的道路，他給自己定的目標更高。爲了實現這個目標，他必須不斷完善自己，然後就一直努力下去，直到得到渴望追求的東西。

事實上，川普從離開父親，隻身到曼哈頓闖蕩那一天起，就不斷給自己制定新的奮戰目標。

川普是一個爲自己的企圖心而活的人，一步步與理想中的自己靠近時，即使遇到各種挫折與難題，他都會不屈不撓地加以克服、解決，並在這些過程中感受到生命的價值和意義。

川普認爲，沒有比努力成爲理想中的自己更有意義的事情了，但這一切必須在努力實現自我超越的過程中完成。人生若是一條線段，現實和理想就像是一條線的此端和彼端，現實中的自己在此端，而理想中的自己在遙遠的彼端，必須不斷越自我，才能從此端走到彼端。

一般人總是背負著現實生活中的各種沉重包袱，比如物質利益、世俗觀念、消極心態、不良習慣、錯誤認知等，只有及時把這些緊緊束縛著自己的包袱一件一件地卸掉，理想中的自己才會早日成爲現實。

事實上，川普也是這麼做的，在他身上也有各式各樣的包袱，但這些包袱都被他果斷地卸掉了。川普之所以能成爲「地球表面最有影響力的人」之一，是因爲他比大多數人更懂得如何成爲理想中的自己。

在很多人眼中，川普是一個天生的生意人，川普自己也這麼認爲。川普認爲他做生意的才能是天生的，這個觀念在他的腦海裡根深柢固。這種商業基因存在於川普的細胞當中，讓他在生意場上一步步成長起來，最終打造一個無可匹敵的商業帝國。

川普認爲，一個人的商業才能跟聰明沒有必然關係，它固然需要一定的智慧，但在多數情況下主要靠直覺。

沒錯，做生意需要敏銳的直覺，沒有直覺就發現不了商機，沒有直覺就無法在風起雲湧的商海中預知到危險的來臨。川普認爲，即使是最聰明的人，即使他們在學校每門功課都是A，但是，如果不具備直覺的話，就永遠不會成爲一個成功的企業家。

此外，他也指出，很多具有這種直覺的人，卻從未發現自己擁有這一點優勢，甚至不認爲自己眞的具有經商天分。

這是爲什麼呢？川普指出，原因其實很簡單，他們沒有勇氣和機會去發現自己的這種潛力，在他們漫長的一生中，無法體驗到在商場上縱橫馳騁的感覺。他們的才華被浪費掉了，只能做一個普普通通的上班族。

某些人比一流的高爾夫球選手更具有打高爾夫球的天賦，有些人比一流的網球選手更具備打網球的才能，但他們卻從沒有機會舉起高爾夫球桿，或揮舞網球拍。

那些在某些領域取得偉大的成就的人，也許只是因爲他們比較幸運，恰巧發現了自己的才能，並且充分利用。

至於那些具有同樣才華的人，卻不曾發現並加以活用的人，就只能坐在電視機前觀看明星們表演。

世事就是這麼奇妙，明星和普通人往往只是因爲際遇不同罷了，本質上並沒有太大的區別。可惜很多人並不明白這一點，不曾努力發掘自己的才華，反而對別人的才華羨慕不已。

川普指出一個一般人最常犯的錯誤：我們爲了讓自己變得更優秀，常常刻意模仿別人，把別人當做自我進步的參照尺度。就這樣，我們不畏千辛萬苦去讓自己改變，可到頭來卻丟掉了眞正的自己。

我們老是拋棄自己最擅長的，轉而去學習別人身上的特長，最後別人的強項沒學到，反而把自己的才能丟掉了。

很多人認爲，只有超越了別人，自己才算做到了最好。其實，成爲最好的自己是與他人無關的。只要能夠認識自己，並根據實際情況，將自己的能量施展到極致，就會像川普一樣成功。我們需要超越的只是現在的自己，我們需要跨越的也只是那個過去的自己。

2

Chapter

感謝你的競爭對手

想要成功致富，就要用積極的心態去看待競爭，而不是害怕競爭。正因為有了一次次的殘酷競爭，才使人在競爭中不斷發現自己的不足，有時正是對手的競爭讓你成功。

最好的榜樣是父親

唐納．川普以霸氣十足的個人特質、顛覆傳統的選戰模式，在競選期間一路逆勢爆紅！從一個大家唱衰、嘲笑的攪局者，到最後竟然力挫政壇老將希拉蕊，在一片震驚、恐慌、哀嚎中當選美國總統！

爲什麼這麼多人害怕川普當上美國總統？川普眞的這麼可怕、這麼瘋狂？上任眞的會引發全球政經局勢劇烈震盪？

一九四六年六月十四日，唐納．川普誕生在紐約皇后區的一座豪宅，那天正好是美國國旗日。

川普在家裡排行老三，上有一個姐姐、一個哥哥，下有一個弟弟、一個妹妹。

由於祖父英年早逝，父親佛瑞德．川普爲幫助家計，甚早即決意創業，發現房地產生意頗具「錢」途，遂創設「伊莉莎白．川普母子公司」，專門在紐約市皇后區及鄰近地區興建並經營中型公寓，供一般民眾租賃或購買。佛瑞德在房地產生意上的成功，為川普後來的崛起打下了堅實的基礎。

就像許多男孩一樣，在川普的生命當中，對他的童年影響最深的是他的父親佛瑞德。川普從他身上學到了很多珍貴的東西，在父親潛移默化影響下，從小就養成了良好的習慣。比如，他學會了用堅忍不拔的精神對待困難的生意，學會了激勵別人，學會了競爭之道和工作效率。

優秀品質的養成，既有家庭環境的影響、學校教育的引導、社會環境的造就，更少不了個人有意識、堅持不懈地努力。

就像很多男孩的成長總是以顛覆父親的統治為目標，川普在成長過程中，也明確了不想走父親的老路。

他的父親是個成功的地產商人，在皇后區和布魯克林區建造了低檔住房，以穩定的價格出租，獲得了巨大的成功。但是，在川普看來，這種賺錢的方法太辛苦了，他想開創更宏偉、更神奇、更激動人心的事業。

與此同時，川普還有一個很重要的理由，那就是，他不想生活在父親成功的光環下，他迫切地想證明自己的能力。

年輕氣盛的川普希望人們知道他，不僅僅是因爲他是佛瑞德．川普的兒子。他迫切想要走出去，想在紐約這個國際大城市打出自己的標誌，讓所有人都對他的成就刮目相看，於是他選擇去了曼哈頓。

値得慶幸的是，川普的父親對於他的作爲並沒有太多干涉，完全放手讓他自己出去闖蕩。至於自己，則在老本行裡埋頭耕耘，對自己開創出來的事業很滿意並幹得很好。父子倆在各自的領域發展，川普有了充分了自由和空間，在曼哈頓可以大展拳腳，放手開創自己的事業了。

時至今日，川普永遠不會忘記從父親身上學到的經驗。可以說，如果沒有這樣一個成功且開明的父親，他很難有今時今日的成就。

川普的父親佛瑞德．川普一九〇五年生於紐澤西州，是美國早期創業者。至於他的祖父在很小的時候就從德國移民到美國，開了一間小飯館，生意紅紅火火。不幸的是，他的祖父是浪蕩不羈的酒鬼，在川普的父親十一歲時便去世。此後，他的祖母伊莉莎白靠縫紉來養活她三個兒女。

這三個兒女中，最大的孩子也叫伊莉莎白，那時十六歲，最小的叫約翰，九歲，佛瑞德．川普是長子，父親去世後，賺錢養家的責任便落在他身上。他開始找各種零活維持生活，從給當地水果店送貨到擦皮鞋，後來到建築工地搬運木頭。他對建築很感興趣，這也爲他後來成爲一名成功的房地產商埋下了伏筆。

高中時，佛瑞德開始上夜校學習木工，到十六歲時，他開始自己的第一個生意，爲鄰居造了一座能放兩輛車的車庫。那時候的美國，中產階級剛剛崛起，這些新興的家庭開始買汽車，有些家庭需要增建車庫。佛瑞德．川普看準時機，很快便做起一個新行業：建造車庫，每座五十美元。

事實證明，老川普非常有遠見，這項生意讓讓很快完成了資本的原始積累。正因爲如此，川普從小就非常崇拜他的父親，認爲自己的父親是世界上最偉大的父親。儘管川普後來在商業上的建樹遠遠超越了父親，但這並不影響他對父親的崇拜。相對於川普來說，他的父親才是眞正意義上的白手起家。

老川普不僅給兒子樹立了一個商業上的成功榜樣，更重要的是他人生道路上的奮鬥榜樣。在川普眼裡，父親堅韌剛毅，永遠都是一副不服輸的樣子。後來自己獨自闖蕩的時候，每當遇到克服不了的苦難，他總會想起父親，父親在這種情況下會怎麼做？

川普告訴自己，父親絕不會退縮，至於自己，當然也不會。

川普的商業生涯中，常常遇到這種情況，某個困難像山一樣擺在面前，要克服它，似乎完全不可能，於是心生產生了某種說不出的恐懼感。

心生恐懼的時候，很多人選擇屈服了，川普也有打退堂鼓的時候，但每當這時候，他都會想起父親。

川普會想，父親成功的秘訣又是什麼？爲什麼其他人在困難面前屈服的時候，他能夠繼續生存？大多數人失敗的時候，他卻可以成功？別人意氣消沉的時候，他卻神采飛揚，意氣風發？

川普不斷問自己，後來發現答案非常簡單，父親成功的關鍵在於處理問題時所採取的態度。那是一種永不消極退縮的態度，佛瑞德總是能夠正視問題，掌握要點，積極謀求解決之道。於是，川普告訴自己，如果他能夠認識問題的本質，採取正確的態度，也一定能夠成爲勝利者。

所以，每當面臨困難時，他一再勉勵自己要用積極的態度去面對。

有巨大的付出，才能獲得巨大的財富。川普深知，當自己勇於挑戰現實時，堅強的心態就是最好的武器。他認爲，想戰勝困難，首先必須掃除頭腦中消極的想法，摒棄對失敗的恐懼心理。

恐懼是最折磨人、消磨人意志的情緒之一。無論是突然遭遇的驚恐，或是長期慢性的憂懼都會嚴重挫傷積極性。與困難對抗時，恐懼心理往往會壓抑人的積極性，在恐懼的陰影下，人會妄自菲薄，自卑地認爲自己不具備解決難題的能力。接踵而至的情形是：喪失了自信心，結果眞的不能解決問題了。

至於積極樂觀、勇於向現實挑戰的心態，則是人類所擁有的最具威力的力量之一。它能幫助人們攻無不克，戰無不勝。要想建立這種心態，必須專注於長期的目標設置和計劃，心無旁騖地朝著自己渴望的成功進發。

一個人的思想指導和駕馭著本身的行動，而行動又決定著自己的命運。川普指出，人一定要從積極的方面思考問題，賦予自己勇於向現實挑戰的決心和勇氣，然後才能夠無所畏懼地面對人生路上的一切挑戰。

強者之所以能取得成功，就是因爲他們有積極進取的心態。

老川普創業記

川普的父親佛瑞德．川普是一個成功的地產商人，也是白手起家的典範。他於一九二二年高中畢業後，就開始外出工作賺錢養家。爲了養活一家人，他在皇后區一個住宅建築行做木工學徒。

優秀的人總是能夠很快脫穎而出，佛瑞德的手藝比大多數人好，而且他還有其他過人的長處。作爲學徒，他顯得很聰明，而且善於動腦子。喜歡思考、不時思考，是一個成功者必須具備的素質，如果一個人只是勤奮而不懂思考，那麼在事業上的成就是極其有限的。

川普對他的父親聰明的大腦推崇備至，曾自豪地說：「我的父親仍可以默算五位數位並牢記在心。」

在做學徒的時候，老川普的聰明與勤奮讓他顯得與衆不同，他運用夜校學到的知識和常識，向那些大都沒上過學的木匠演示一些捷徑，例如怎樣在鐵框架上安裝椽子等等。另外，老川普也展現了成功商人的特質，做事認眞、專注並且雄心勃勃。大多數工人有了份養家活口的工作就心滿意足了，他卻不以此爲滿足，不僅要做好工作，而且要超過別人。

最後，理所當然地，他成了工作狂。

川普曾經回憶說，在他剛剛記事時，父親就常常告訴他：生活中最重要的事是你所做的工作，只有這樣才能眞正幹好它。

一個人要想把自己的工作幹好，一定要不斷實踐，不斷地思考。「學會分析事物的方法，養成思考的習慣」，在實踐中思考，在思考中實踐。

高中畢業一年後，老川普在皇后區建造了他的第一座住宅房，一種供一家一戶使用的房子。建造這座房子花了不到五千美元，不久以七千五百美元出售。佛瑞德的公司叫「伊莉莎白．川普母子」公司，那時他還未成年，由他的媽媽伊莉莎白負責簽署所有的法律文件和支票。

賣掉第一座房子後，他用利潤造了第二座，然後一座又一座的房子就這樣在勞動階級居住的皇后區的伍德哈芬、豪利斯街區和皇后村造了起來。

對住慣了擁擠不堪的公寓的勞動階級來說，佛瑞德爲他們提供了一種新的居住選擇，這些價格低廉的都市式磚房剛一造好便被搶購一空。

於是，老川普開始推動更大的計劃。一九二九年，他把目標指向更有錢途的市場，開始建造大一些的房子。他放棄了小磚房，在皇后區的一塊建地上修建了科倫尼爾式、都鐸式、維多利亞式的三層樓房，這塊地方後來被稱作牙買加住宅區。

然而當經濟大蕭條的到來，使得建房業整個崩盤，佛瑞德於是把注意力轉向其他行業。他買了一家不動產服務公司，並在一年後高價賣出。然後，他在伍德哈芬建造了自助式的超級市場。

這是最早的超級市場之一，所有當地的生意人，包括屠夫、裁縫、鞋匠都在這裡租了攤位，在一個屋頂下能買到所有的東西的這種方便形式，使這項生意馬上獲得成功。但一年以後，由於老川普急於回到建築業發展，便把這座超級市場賣給了庫倫王連鎖超市公司，賺了一大筆錢。

到一九三四年，雖然大蕭條漸漸平緩，銀根仍十分緊，因此，老川普決定重新建造低價位房屋。這次他選擇了布魯克林區的弗萊布希地區，那裡土地便宜，他認爲很有發展空間。

他的直覺又一次對了。三個星期內，他賣掉了七十八座住宅，後來的十多年中，他在皇后區和布魯克林區建造了兩千五百所住宅，獲得了很大的成功。

一九三六年，父親娶了川普的母親瑪麗·麥克勞德，組成了一個家庭，事業上的成功也使他有能力幫助弟弟實現自己未能實現的願望——接受大學教育。於是，川普的叔叔約翰·川普上了大學，獲得了博士學位，最後成爲物理學教授，也成爲全國著名的科學家之一。

也許因爲佛瑞德未能上大學，一直對有學位的人十分尊重。川普深信，如果有機會上大學，他父親的各門功課一定相當優秀。

老川普在事業上的成功，深刻地說明一個事實，一個人能否進行創新、創造，除了社會條件和勞動態度以外，還有一個極其重要的條件，那就是爲自己留下一片空間，開動腦筋，認眞思考。

老川普無疑是個勤於思考的人，總能在人生的關鍵時刻做出正確的選擇。

川普深信，一切成果的取得，都離不開實踐，但如果每天忙忙碌碌，從不思考，是非常可怕的。人之所以不斷向上躍昇，就因爲懂得在思考中實踐，在實踐中思考。

動物是不思考的，所以動物不管再怎麼勤奮，依然是動物。

懂得思考，才能從司空見慣的現象中有一番不同的發現。牛頓因爲思考「蘋果從樹上自由落下」，探索出「萬有引力」；瓦特因爲思考「壺蓋被開水頂動」，引導他發明蒸汽機；伽利略因爲思考「不同長度掛燈的搖擺」，促使他發現了等時性原理……諸如此類的例子都說明，唯有具有探求精神的人，才會不斷思考，並通過孜孜不倦的追求而有所發現、有所發明、有所創造。

懂得思考，才能從前人的「定論」中有所突破，才能締造更傲人的奇蹟。

偉人之所以偉大，是因爲你跪著看他們。站起身，並拉開一定的距離，你就會發現，偉人也是人，他們面對各種條件的侷限，同樣有著各種缺點和不足。假如馬可尼一直跪倒在「電磁波穿過空氣層就會一去不復返」這個「定論」下，就不能把信號送過大西洋，開創無線電事業；假如愛因斯坦一直跪倒在牛頓「時間、空間絕對不變」這個「定論」下，就不可能提出相對論。

在工作順利時，有些人的頭腦往往被成績裝得滿滿的，失去了思考的空間，後果不言而喻。其實，成功時要思考的問題很多。成功的條件是什麼？發展的前景是什麼？要繼續開拓前進，還需要做什麼……在這樣的關節點上多思多想，才能使自己保持清醒頭腦。

遇到挫折更要有思考的空間，動腦筋，找出原因，記取教訓。失誤固然是允許的，然而不能忘記失誤的教訓，我們的目標是成功，不是失誤。

川普認爲，懂得思考，才能再創造新天地。知識、經驗可以爲我們提供思路，使我們輕車熟路地解決許多問題，但另一方面，正是這樣的規律太多，無形中讓我們被僵化的教條限制住。

心理學中有個概念叫「定勢」，它是指人們在解決問題時，過於相信從前解決問題所用的方法。當我們習慣於做什麼，就很容易養成思維偏見，成爲習慣的奴隸，墨守成規，雖然掌握了規律，卻輕視了創造。

川普一再強調思考很重要，無論處境如何，都要留點時間去思考。在順境中多思考，能保持清醒的頭腦、穩健前進的腳步；在逆境中多思考，會找到失敗的癥結，踏上通往成功的道路。

川普的兄弟姐妹

川普的家庭是相當老式的傳統家庭，男人負責賺錢養家，女人負責管理內務。他的父親佛瑞德理所當然是權力中心也是經濟支柱，而他的母親瑪麗則是一個很稱職的家庭主婦。

就像舊式家庭的優秀母親一樣，瑪麗有條不紊地照顧著家裡的五個孩子，除了照料孩子以外，還要燒飯、洗衣、補襪子。同時，她也在當地醫院從事慈善工作。

川普一家人住在一大房子裡，但他從沒有把自己當做有錢人的孩子。他們幾個兄弟妹妹，從小就被教育每一元錢的價值，也知道什麼是艱苦。

在這種教育下，川普的家庭一直很團結，彼此都是最親密的朋友。川普的母親從沒有過多的奢望，懂得知足常樂。他的父親仍在布魯克林區牧羊人海灣二街的一個一九四八年建成的小樓房裡工作，辦公室狹小而簡陋，但他從未想搬出那裡。

川普的姐姐瑪麗安是老大，從蒙特．哈里奧克學院畢業後，走了母親的老路，結婚生子，守在家裡把兒子養大。但她繼承了他父親的幹勁和雄心勃勃的品質，當她的兒子大衛長成人後，她又重新上學，學習法律。她獲得了幾個學位後畢了業，開辦了一個私人公司，後來成爲聯邦法官。

川普的妹妹伊莉莎白溫柔和藹，也很聰明，但不那麼雄心勃勃，後來在曼哈頓的大通銀行工作。川普的哥哥小佛瑞德是家裡的長子，不過他在川普家族中可能是最不幸的一個人。老川普做起生意來果斷堅決，鐵面無私，但身爲長子的弗萊蒂恰恰相反，他長得很帥，喜歡聚會，生性熱情，酷愛生活。

老川普並不是一開始就選擇川普作爲繼承人，原本希望弗萊蒂繼承自己的事業。不幸的是，弗萊蒂無法成爲精明的生意人。他很不情願隨父親去工作，從未對房地產業有過任何興趣和好感。他不是那種能與吃人坑人的承包商和渾不講理的供應商打交道的人。由於父親太強勢了，兩人不可避免地發生了對立，多數情況下，這種抗爭總是以弗萊蒂的失敗而告終。最後，大家都明白了，這樣下去行不通，於是弗萊蒂離開家去尋求他熱愛的事業——駕駛飛機。

川普後來回憶起自己的哥哥，不無遺憾地說：「也許他那時太年輕，不論是父親還是我，都對他所走的路無法理解。」

後來，弗萊蒂變得十分消沉，開始酗酒。四十三歲時，弗萊蒂死了，死得很慘。他本來是個很有前途的年輕人，但從未找到過自己的定位。他具備成功的條件，但川普家族的特殊的壓力卻使他無法承受。

如果他能早點意識到這一點，也許能和川普一樣成功，或者在別的領域發光發熱。然而人生沒有如果，同樣家庭出來的孩子，人生道路卻迥然不同。

與自己的大哥相比，川普很幸運，從小便喜歡做生意，也從來沒有被父親嚇倒。他勇敢地挑戰父親，佛瑞德很佩服他這點。他們之間的關係幾乎是平等的，工作式的。川普說，他有時想，如果自己身上的生意人味道不是那麼濃，他們之間可能不會有這麼好的關係。

上小學之前，他已是個膽子奇大、進取心極強的孩子。他在鄰居中總是當孩子王。就像今天一樣，川普的兒時玩伴對他評價趨於兩極，不是很喜歡他，就是一點也不喜歡他。

川普從小就是個鋒頭狂，總想充當其他孩子的榜樣。在青春期，他對惡作劇特感興趣，喜歡挑起事端，喜歡整人，喜歡扔水汽球，扔用唾液弄濕的小紙團，喜歡在校園裡或生日晚會上跟別人爭辯。做這種事的動機，出鋒頭的意圖多於惡意，他弟弟羅伯特則喜歡在看清他的意圖時告發他。

羅伯特比川普小兩歲，兩人的關係很好，弟弟比他安靜得多，也比他容易相處。有一天，他們兄弟倆在家裡的遊戲室裡搭積木。川普想搭一個大高樓，但發現積木不夠，便問羅伯特是否能借給他一些。

羅伯特說：「好吧，但是等你搭完得還給我。」

結果，川普用光了羅伯特的積木，又用光了自己的積木，最後搭成了一座漂亮的大樓。他非常喜歡這座大樓，於是用膠水把它黏在一起，結果，羅伯特再也不能把積木拿走了。

看到了吧，川普從小就是個精明的商人。

川普開始學習做生意

《華盛頓郵報》曾經刊登了一篇報導童年川普的文章，採訪了多名昔日的鄰居、同學和老師，回憶五六十年前的川普。文章標題用了三個詞彙來爲川普定性：自信爆棚、無可救藥、橫行霸道。

少年時期的川普喜歡惡作劇，總是喜歡把事情攪亂，然後觀察別人的反應。

川普十三歲的時候，由於太過頑劣，他的父親決定送他進軍校就讀，因爲老川普認爲軍訓教育對他有好處。對這個做法，川普一開始顯然並不理解父親的良苦用心，但事實證明父親做對了。

從八年級起，川普進入紐約軍事學校，在那兒完成高中學業，並學到了很多紀律，學會了怎樣把自己的進取心變爲成績，高年級時他被任命爲大隊長。

在軍校，他可以算是個很好的學生了，雖然不能說很努力，但幸運的是，一切對他來說顯得比較容易。

幾乎從剛剛會走路時，川普便隨父親去建築工地。後來他的弟弟羅伯特和他總是相隨而行，一邊走一邊撿蘇打水瓶子，把撿來的瓶子拿到商店換點零錢。當他長成一個大孩子時，一放學，便跟著父親學做生意，學與承包商打交道或察看樓房，有時還在一旁看著佛瑞德爲了新地皮進行談判。

老川普非常重視對孩子的言傳身教，對幾個孩子管理得非常嚴格，而且也培養他們主動閱讀的好習慣。

這種主動學習的習慣對川普影響深遠，直到他功成名就之後，仍然保持著學習的好習慣。川普認爲，這是一個知識大爆炸的年代，每個家庭都有書報雜誌，並漸漸成了現代人生活的必需品。一個沒有書籍、雜誌、報紙的家庭，等於是一所沒有窗戶的屋子。因此，要想成爲一個成功的生意人，一定要養成終生學習的好習慣。

「各界人士，如商業界、運輸界、製造界的人士，都曾告訴我，他們最需要、最歡迎的大學生，就是那些有選擇書本能力以及善用書本的人。」川普說：「這種選擇書本、善用書本的能力，最好是在家庭中養成。」

川普勉勵年輕人：「如果你很窮，你可以在吃飯、穿衣上節儉，但千萬不要在購買書籍上節儉。花錢學習，你可能會暫時貧窮，但不學習，你卻要受一輩子窮——包括經濟上和精神上。」

老川普對於自己沒有上過大學，感到非常遺憾，因此非常重視子女的學習。川普小時候，兄弟姐妹們會相約每晚留出一部分時間，作爲讀書或自修之用。晚飯吃完後，他們一起休息及遊戲，在一小時之內，或談笑戲謔，或做各種玩樂，極盡歡娛。一小時後，輪到讀書的時候了，他們各就各位，靜默到連細針墜地都可聽見，或閱讀，或寫字。即使有人覺得不舒適、不高興、無意自修，也會靜默待著，不去干擾他人。

對全家人來說，這是個好習慣。

事實證明，一小時聚精會神，不被干擾的讀書，成效大過遭到干擾與心不在焉的兩三小時的讀書。無論你多忙，總有一些光陰是虛度的、浪費的。這些虛度的光陰，假使能善加利用，必定能獲得重大的好處。

川普常引用前哈佛大學校長愛略特的話說：「如果人能養成每天讀十分鐘書的習慣，那每天十分鐘，二十年之後，他的知識程度，前後將判若兩人。只要他所讀的都是好的書籍，不管是小說、詩歌、歷史、傳記或其他種類。」

如果能每天學習一小時，所學到的東西，一定遠比坐在教室裡接受四年高等教育所學到的多。

對年輕人來說，平時的學習和進步至關重要。這關係到你的未來，是事業有成，還是窮困潦倒。因爲一個人的知識儲備愈多，才能愈豐富，生活就愈充實。因此，年輕人應該抓緊一切時間多讀書。

川普說，我們大多數人都在浪費自己的寶貴零碎時間，甚至在那些時間裡去做對身心有害的事情。只有時常激勵自己，不斷努力，保持不斷進取的精神，才能夠在工作中更上一層樓。不斷進步，不斷學習，這一點無論何時何地都不能改變。

信譽力是談判的資本

一個人能不能成就大業，跟性格有著直接的關係。

很多成功者，都有不達目標誓不罷休的韌性和決心。即使在奮鬥的過程中遇到無數種困難，他們也有無數種辦法去面對、解決這些問題。在制定計劃之前，他們絕不會動不動就說「不可能」。面對自己設定的目標，他們只能有一個信念，那就是：我一定能完成！

川普就是這樣的人，他認爲一個人如果有了這種心態，任何難題都會迎刃而解。其實，很多事情，雖然表面看起來不可能成功，但只要努力去做，十有八九會順利完成。因爲很多看似「不可能」的工作，困難度只是被消極的誇大了。當你冷靜分析、耐心梳理，把它「普通化」後，你常常可以想出很有條理的解決方案。事後，你就不難領悟：「原來成功並沒有想像的那麼高不可攀！」

老川普進軍當地產之後，一開始是做低價位樓房生意，表現得相當強悍和堅韌。為了獲取更大利潤，總是想方設法地降低成本，這讓他養成了一個很重要的特點，那就是對價格一直非常敏感。很多和他打過交道的人都認為，老川普是個精於算計、斤斤計較的傢伙，不論是一個項目中的拖把、地板臘，還是大宗物品，他都要緊盯著價格不放。

老川普是個殺價的好手，在和供應商的談判中寸步不讓，而且最後總是能夠讓對手做出讓步，按照他希望的價格達成交易。把價格殺到最低，成了老川普在生意場上的一種本能反應。

一九四九年，當川普三歲時，老川普開始建造哈芬海灘公寓，這是幾座大型公寓的第一座，這組建築建成後，老川普躍居為紐約市最大的地主之一。由於他的施工效率特別高，這座建築蓋得很成功。

那時，政府對中、低價位住宅仍給予補貼。例如，為修建哈溫海灘公寓，老川普從聯邦住宅委員會那裡得到了一〇三〇萬美元的貸款。

這種貸款發放的基礎是委員會認爲專案費用的使用公平合理，包括建築商七．五%的利潤。然而，佛瑞德向承包商壓價，再經過與供應商艱苦談判，硬是使專案提前完工並節省預算一百萬美元。

從這件事情可以看出，把價格殺到最低，是老川普最拿手的本事。他之所以有這樣的本事，是因爲有一個別人比不了的長處，那就是他對市場上的原材料價格非常了解。他知道每件東西的價格，沒有人能跟他亂要價。

舉個例子來說，如果你知道一項測繪工作需要四十萬美元左右，那你就知道應該向對方殺多少價。如果對方報價六十萬美元，你當然不可能接受，但是你準備把價格壓到多少呢？你不能把價壓到三十萬美元，因爲這會使對方不願承接這項工作。

當然，四十萬美元是雙方都能接受的價格，但在具體的談判中，可能達不到最理想的期待，因爲沒有人願意先做出讓步。你不知道對方的底價在哪裡，對方也不知道你的心理價位。很可能價格談到五十萬美元的時候，談判就進行不下去了。

但是老川普能繼續談下去，他天生就是進行這種談判的行家。

爲了使承包商接受自己提出的價格，老川普有很多種辦法。他最常用的一個辦法是告訴他們自己的可靠性，以及別人多麼不可靠。他會對一項工作提出一個低價格，然後說：「喂，和我一起做，我會準時付給你錢，要是你和別人幹，誰知道你哪天能拿到你的錢？」

他還向對方表明，幹完這項工程，還有另外的工程等著他們。

老川普總是在不停地蓋房，手裡的確有很多工程進行著。雖然等待的時間會很長，但他一定會兌現承諾。

老川普很注重經營自己的信譽，能夠兌現自己許下的諾言，因此，他的話很有說服力。如果換一個只會矇騙，而不懂得維護自己信譽的地產商，可能失信一次之後，就失去和別人談判的籌碼。

老川普雖然精於算計，對成本斤斤計較，但從不失信於人。所以儘管他提出的價格低於市場平均水準，但是承包商還是很樂意和他做生意。

川普從小就從父親那裡學會了這樣一個道理：如果你在生活上、事業上和為人處世上都堅持坦誠的原則，那麼就有很多人願意和你交往，你也會在別人心目中留有真誠的印象。

川普說，要做一個成功的生意人，信譽是最寶貴的財富。當你播下欺騙的種子，你就永遠不會收穫到成功的果實。虛假、欺騙是種短視行為，它帶給你的絕不是成功，

而是徹頭徹尾的失敗。

商業世界是個非常講誠信的地方，客戶和供應商最喜歡的，便是誠實可靠之人。既然想把生意做得長久，就應該維護好自己的信譽，不要玩些投機取巧的小技巧。老是採用欺騙的手段，靠坑蒙拐騙做生意的人，絕對長久不了。

林肯曾一針見血地指出：時間將是最好的測謊儀，它足以讓每個人看清你欺騙後面的真實嘴臉。欺騙只能是一時的，只有誠實才能長久，才能取勝於人，誠實的價值比從欺騙中得來的利益大過無數倍。

信譽是一筆極爲寶貴的財富，這在美國社會已經成爲所有生意人的共識，川普曾舉過一個例子說明。

一八三五年，摩根成爲一家名叫「伊特納火災」的小保險公司的股東，因爲投資這家公司不用馬上拿出現金，只需在股東名冊上簽上名字就可成爲股東。這十分符合摩根沒有現金但卻能獲益的渴望。

就在摩根成爲股東不久，有一家在伊特納火災公司投保的客戶發生了火災。按照規定，如果完全付清賠償金，保險公司就會破產。股東們一個個驚慌失措，紛紛要求退股。摩根斟酌再三，認爲自己的信譽比金錢更重要，於是四處籌款，並不惜賣掉自己的住房，低價收購了所有要求退股的股東們的股票。然後，他將賠償金如數付給了投保的客戶。

這件事過後，伊特納保險公司成了信譽的象徵。已經身無分文的摩根成爲保險公司的所有者，但保險公司已經瀕臨破產。無奈之餘，他打出廣告，稱凡是再到伊特納火災保險公司投保的客戶，保險金一律加倍收取。不料，客戶很快蜂擁而至。原來在很多人的心目中，伊特納公司是最講信譽的保險公司，這點使它比衆多知名的大保險公司更受歡迎。伊特納火災保險公司從此崛起。

過了許多年之後，摩根的公司已成爲華爾街的主宰。而當年的摩根先生正是美國億萬富翁摩根家庭的創始人。川普指出，其實成就摩根家庭的並不僅僅是一場火災，而是比金錢更有價值的信譽。

富蘭克林在《對一個年輕商人的忠告》中，說過兩句至理名言：「時間就是金錢」，「信譽也是金錢」。

在人與人之間交往和共處過程中，規定和秩序往往靠守信來維護。守信也是商業活動的必要條件和內在要求。市場經濟從某種意義上說就是契約經濟，在市場經濟的運轉鍊條中，無論是生產、交換，還是分配、消費，每一個環節都離不開信用。

川普相信，市場經濟的根本是信譽經濟，各企業、企業人要靠信用才能生存和發展。要依賴信用來維護和發展與顧客、員工、供應商、股東之間的長期良好合作關係。不講信譽的企業不是好企業，不講信譽的客戶不是好客戶，不講信譽的供應商不是好的合作夥伴。

儘管川普是一個狡猾的生意人，爲了獲取最大的利益，會使用層出不窮的手腕來贏得競爭，但他從來不拿自己的信譽開玩笑。

感謝你的競爭對手

想要像川普一樣成功致富，強烈的競爭意識可以助你一臂之力！生活中令人矚目的風雲人物，哪一個不是在競爭中披荊斬棘，從一個勝利走向另一個勝利的呢？

比爾蓋茲具有賽車手的競爭心態，新聞電視網之父特納是「一個百折不撓的競爭者」；優秀的政治家、企業家和軍事家，都具有強烈的競爭意識。心理學研究證實，企業家的競爭意識要比一般人更強烈一些，無論是在工作中還是在遊戲時，他們都熱衷於競爭。

川普在自傳中曾經發下豪語：「我決心獲勝，決心使我們公司的業績更上一層樓並擊敗競爭對手。」

川普的一生可以用競爭兩字概括，競爭意識從小就具備了。他曾這樣描述他的童年生活：「我玩拼圖玩具最出色，打乒乓球最出色，扔石頭彈子最出色。在每一項集體運動中，我都是出類拔萃的。」

事實上，像他這樣卓越的企業家，在工作中表現出來的競爭心理和在遊戲中求勝的心理是一樣的。他勇於冒險，最終開創了他人無法成就的事業版圖。

川普的競爭意識決定了他具有冒險和創新的品質。和小時候一樣，他以極大的熱情進入未知的商業爭霸世界裡，並且不計後果。這種競爭意識也很自然表現在他的事業上，川普創造的財富是有目共睹的，他以簡單有效率的核心企業理念，把一家小公司經營成龐大的商業帝國。

競爭策略使他成爲美國知名的大富豪，並在世界上享有盛譽。從川普後來參與總統競選擊退衆多黨內對手，最終戰勝希拉蕊來看，不難得知他是多麼酷愛競爭。

他把工作和生活都視爲一種競爭遊戲，他的成功源於勇於競爭、善於競爭，源於對自己的夢想孜孜不倦的追求。

天才企業家和卓越的領導者的競爭意識雖是與生俱來，但如果川普不注重在後天的奮鬥中繼續保持競爭意識，就不會產生這樣巨大的成果。這個世界上幾乎沒有天生的強者，每個人想要完成自己的夢想都要培養競爭意識。

川普指出，想培養競爭意識，首先要相信自己，不要因爲自身弱小而不敢與人競爭，弱者有自己生存的方式，要勇於面對一切困難和挑戰，在競爭中成爲強者。其次要樂於競爭，不斷在競爭中壯大自己。不要在事業上小有成就後，就滿足現狀，停滯不前，失去前進的動力。

一個眞正的強者，永遠沒有終極目標，他們的眼光永遠放在下一個挑戰中，並且從競爭中感受到極大的樂趣。

川普從小就是個爭強好勝的男孩，喜歡和自己的兄弟、玩伴們競爭，喜歡玩對抗性的遊戲，長大成人後更喜歡商業博弈這種最刺激的遊戲。

這種性格的養成，同樣遺傳自他的父親。

老川普最感興趣的事情，就是和競爭對手比賽蓋房子。比如說，他要在弗萊特布希蓋一座樓房，而同時有兩個競爭者也在附近蓋樓房，老川普就會非常興奮。他就像一個上了戰場的士兵，渴望打一場漂亮的勝仗。

老川普會全力發動自己的馬達，努力跑在競爭對手前面。這種比賽的最終結果，往往是他比對手們早三、四個月完工，他的樓房比其他兩座也要好看，大廳總是更精美、更寬闊，房間也要更大些。

即使在市場情況不好的時候，老川普的樓房總是很快就能賣出去、租出去。這種高效率、高水準的發揮，是他戰勝對手獨一無二的法門。他總是先人一步搶佔市場，在競爭對手還沒有完工之前，他的房子已經賣出租出。

遇到市場不怎麼景氣的時候，他這種強悍的競爭力會讓對手根本毫無招架之力。事實上，在這種情況下，如果整個市場存在兩個競爭者，其中一個還沒完工就得破產了。這時候，老川普就會插手把他們的爛尾樓買下，然後繼續修建，進而成爲這片市場的最大贏家。

在佛瑞德·川普的一生中，這樣的競爭無處不在。

很多人都喜歡看體育比賽，川普也很喜歡體育，並且從中領悟一些道理。在賽場上，雙方隊員各施手段，鬥得難解難分，目的只有一個，就是要將對手打倒在地。其實，在商場中，這樣的比賽每天都在進行。因此，川普認爲，想要商業領域發展，首先就要明瞭一個道理：商場即是賽場。

在競爭愈來愈激烈的商場，有的人遭遇了失敗，有的人卻在競爭中脫穎而出。每當商店、企業、工廠進行整頓的時候，爲了公司的利益，每個客戶只會保留那些表現最佳、業績最好的職員；那些不勝任、沒有才能的人，都被摒棄在大門之外。

川普指出，既然競爭是不可避免的，那就必須積極地去面對競爭，以良好的心態去面對競爭。只有這樣，才能戰勝對手，從競爭之中脫穎而出。

首先，要讓自己做到最好。

你要相信，每個企業或機構，都需要像優秀的人才，充滿責任，全神貫注地做到更好，而不是那些三流的人。ＮＢＡ那些傑出的球員都懂得，一流的技能是在遊戲場上生存的保障。

自甘平庸的人永遠做不到最棒，永遠不被客戶器重。

這裡所說的「讓自己做到最好」，不僅僅指資歷和才華，還包含更多內涵。川普曾說，聰明、有才華、資歷很好的人很多，但往往缺乏一個非常重要的成功因素，那就是執行能力、執行速度和全力以赴的競爭意識。

其次，要感謝你的競爭對手。

想要成功致富，就要用積極的心態去看待競爭，而不是害怕競爭。正因爲有了一次次的殘酷競爭，才使人在競爭中不斷發現自己的不足，不斷改進，不斷成長。生活中出現競爭對手，可能讓你經歷挫折磨難，但這並不是壞事，因爲有時正是對手的競爭讓你成功。

生活中出現幾個競爭對手、一些壓力或一些磨難，的確並不是壞事。一份研究資料說，一年中不患一次感冒的人，得癌症的機率是經常患感冒者的六倍。商業競爭也是如此，唯有抱著樂觀、積極的心態面對競爭，人生才會精采紛呈。

3

Chapter

財富來自不可能的任務

從華頓商學院畢業時，川普手裡已經賺到二十萬美元，接下來的幾年，這個大膽又有著旺盛野心的年輕人在商海裡橫衝直撞，很快就變成了一個很有魄力的地產商人。他的經商歷程就像坐雲霄飛車一樣。

把自己看成「一人大軍」

川普有一個很有名的觀點，一個人要想成爲眞正的富翁，就先把自己看成「一人大軍」。這是什麼意思呢？

川普認爲，一個優秀的企業家，不應該僅僅是指揮千軍萬馬的將軍，還應該是衝鋒陷陣的士兵。你必須制定好作戰計劃，還要有能力親自完成它。

川普的這個觀念，主要是受他父親佛瑞德的影響。因爲老川普從小就訓練他，一定要去做具體的事，而不是坐在辦公室誇誇其談。

佛瑞德用實際行動，把兒子川普一步步培養成爲抱負遠大、目標明確、勇於探索的年輕人。川普在功成名就後，每次提到父親，都發自肺腑地稱他爲「影響和改變了自己生活命運的人」。

在父親佛瑞德身上，他學到了五條最重要的做事態度。

第一步：從此刻起，談到任何事情時，都要充滿希望，充滿信心，這包括對你的工作，對你的健康狀況，對你的前途發展。培養樂觀主義的生活態度，改變這種消極悲觀的習慣。

第二步：要有遠大的理想。人雖然不能脫離「現實」，但也不能完全被「現實」所困。人應該生活在理想之中，做一個理想主義者，這是一種積極的生活態度。

第三步：就像你每天給身體增加營養一樣，你必須不斷地爲自己的精神補充「食糧」，使自己心理健康，源源不斷地產生有益於身心的思想。

第四步：不斷強化你的理想、信念，不要讓那些消極的思想在你的頭腦中出現。當然，要摒棄錯誤的思維方式，需要付出艱辛，也需要一定的時間。

第五步：列出你的朋友的名單，看其中哪些是有積極的思想態度的，增加和他們的交往，汲取他們的創新思想。

老川普在蓋房子的時候，很喜歡親力親爲，不但要在辦公室裡規劃商業藍圖，還是個不可思議的催命工頭。在樓房剛開始動工的時候，每天早晨六點，他就趕到工地不停地催促，催促，催促。儘管很多時候，他幾乎是在唱獨角戲，整個工地上只能聽見他一個人的聲音。

假如有人沒按老川普的要求進行，即使是一個並不是特別重要的工作，他都會跳下去自己幹，這樣一來，別人就不好意思不跟著幹了。

大多數成功人士都是從小事做起的。

若是連小事都做不好，如何做大事？要做好這些所謂的小事，首先必須留心細微的資訊，因爲它們能爲自己創造成功的機會。

老川普的成功之處，就在於能從細微處著手，瞄準機會，把市場機會變爲自己的機會。所謂的「小事情」，因爲小而被忽視，最後卻造成大問題，常常會給人們帶來大煩擾。

作爲老闆，如果能夠親力親爲，帶頭去幹一些具體的小事情，往往能獲得意想不到的回報。很多看起來不過是「小事情」，但經濟效益和社會效益卻是巨大的！

老川普沒有上過大學，他的成功都是從一件件小事累積起來的。

即使到了事業上已經很成功的時候，仍然會親自去執行一些重要的計劃。他認爲要做好這些事情，既不需要淵博的科學知識，也不需要豐富的商業經驗，需要的只是一顆細微的心。

川普完美地繼承了父親的這項風格，他是一個執行力非常強的人，做事雷厲風行，果斷堅決。他認為，要用行動去做事情，絕不做無謂的空談。

川普雖然是個標準的富二代，做生意的起點很高，但從來不狂妄地認為自己是個「做大事，賺大錢」的人，而不屑去做小事、賺小錢。事實上，川普既能賺大錢，也能賺小錢，更清楚大錢往往都是從小錢累積起來的。

川普曾指出，在他認識的企業家當中，很少有人能比自己的父親更有執行力。即便是後來自己在商海中叱吒風雲，也不得不佩服父親「在細節上、執行力上、風險把控上的超常能力」。

同樣的，川普也見識過很多自以為強者的人，他們只是比窮人多擁有些金錢，比一般人多積累些知識，比其他人更自以為是而已。除此以外，川普從他們身上看到更多的是，對高高在上的大人物的嫉妒，對身邊小人物的蔑視。

在川普的一本個人傳記裡，曾提到了一個和他差不多同時起步的年輕人。川普說，這個人非常聰明，很有商業頭腦，在川普隻身闖蕩曼哈頓的時候，他已經是百萬富翁。然而，當川普創造了億萬身家的時候，這位年輕百萬富翁還在原地徘徊不前。

川普對這個年輕人非常了解，知道他的出身並不算好，靠著多年在商場奮鬥才稍有所成。一次偶然的機會使得他的企業大賺一筆，一夜之間成了百萬富翁。

但是從此以後，好運再也沒有光臨他，後來的生意和往常一樣，並沒有多少利潤入帳。然而，對於這些他卻不在乎，總是自以爲是，和別人講起話來也總是一副趾高氣揚、目中無人的樣子。

川普知道，這個人的成就僅此而已，很難再有大的發展。

事實上，這個人也的確是如此。只要一有機會，他就向公司員工炫耀，自己是如何從一個普通的受薪階級到今天這個地步的。對於員工們取得的成績，他總是不屑一顧，吹噓道：「這有什麼啊？我像你這個年紀，早已在社會闖蕩很多年了。」

正因爲這些錯誤的觀念使得他的企業一直停滯不前，一些從前不如他的小企業卻一天天成長茁壯起來。對於別人做出的成績，他總會不屑一顧地說：「就憑他也能發展成這樣？肯定從中做了什麼手腳，沒準哪天就會惹上官司。」

對於那些稍有成就的人來說，會有這樣目中無人的表現並不足爲奇，在他們看來，自己已經獲得成功了，已經擁有了驕傲的資本，於是便沾沾自喜。然而正是這些錯誤的觀念，使他們的發展受到限制，以致停滯不前。有些人甚至還因爲驕傲自滿而使自己的企業陷入低谷，乃至到了破產的邊緣。

這是大多稍有成就的人很難逾越的「瓶頸」。他們一方面雄心勃勃，想獲得更大的突破與飛躍，另一方面又對自己的錯誤觀念滿不在乎。這種狀況令他們焦急萬分，卻又找不到問題究竟出在何處。

相對於這樣的人，川普又是怎樣一步步向前發展的呢？他爲什麼能夠突破這種事業瓶頸，並且一路高歌猛進，到達人生巔峰的呢？

川普從來不會迷失自己，尤其在成績面前。他知道目前的成功根本不算什麼，因爲今後要走的路可能更加坎坷，更加艱難。如果自己放鬆了對自己的要求，以爲從此以後可以高枕無憂，那麼今天的成就可能會成爲明天失敗的根源。

川普深深明白一個道理，眞正的強者不會對比自己強的人心生嫉妒，因爲他們知道，別人的強大背後一定藏著鮮爲人知的秘密和訣竅。他們會放下身段虛心向比自己強大的人學習，吸取他們優點，來彌補自己的不足。正是這種謙遜的態度，才使得他們具備取長補短的博大胸襟，和不斷反思自我的心態。

眞正的強者從來不會在員工、朋友眼前，擺出一副高高在上、不可一世的姿態。相反的，他們會比以往更虛心，更平易近人。因爲他們知道，眞正的強者並不是讓自己顯得處處高人一等，也不會看輕身邊的每一個人。

一個眞正的強者會更加注重身邊的每個細節，不會對自己所犯的每個錯誤置之不理。他們深知，越是微小的細節，越能決定整個事情的成敗。

對於那些自以爲是的人來說，也許只有陷入逆境的時候，才會對自己的不良行爲進行深刻的反思。停滯不前的狀況及日漸消退的趨勢，必定會引起他們的關注

挑戰不可能完成的任務

自然界中，大黃蜂是種十分有趣的生物，曾經有生物學家、物理學家、社會行爲學家，聯合起來研究這種生物。

大黃蜂之所以引起這麼多學者的關注，就在於特殊的體態。根據生物學的觀點，所有會飛的動物，必然是體態輕盈、翅膀十分寬大的，然而大黃蜂這種生物，正好完全相反。牠的身軀十分笨重，翅膀卻出奇地短小。依照生物學的理論，大黃蜂是絕對飛不起來的。

物理學家則強調，大黃蜂身體與翅膀的比例，從流體力學的原理看，絕對沒有飛行的可能，根本不可能飛得起來。然而，事實卻是，只要是正常的大黃蜂，沒有一隻是不能飛的，牠們飛行的速度，並不比其他飛行動物來得差。這種現象，彷彿是大自然和科學家們開的一個大玩笑。

最後，社會行爲學家找到了這個問題的答案。很簡單，那就是——大黃蜂根本不懂「生物學」與「流體力學」。

每隻大黃蜂在成熟之後，本能就很清楚地知道，自己一定要飛起來去覓食，否則就必定會活活餓死！這正是大黃蜂之所以能夠飛得那麼好的奧秘。

老川普就是這樣一隻大黃蜂，逼著自己無論如何都要成功。

我們來設想一下，如果大黃蜂能夠接受教育，學了生物學和流體力學，很清楚知道自己身體與翅膀的比例完全不適合飛行，那麼，學會告訴自己「不可能會飛」的大黃蜂，還能夠飛得起來嗎？

相同的，假如川普相信那些不喜歡他的人的評價，總是告訴自己「不可能成功」，他還能締造那麼多奇蹟嗎？

你怎麼看待這個世界並不那麼重要，最重要的是你如何看待自己。因爲你對自己的看法，決定了你對這個世界的看法。事實上，人有許多潛在的能力，只有到了緊急情況下才可能發揮出來。

日常生活中，這些緊急能力是潛伏著的，只要有足夠的信念，就一定將這些潛能發掘出來。想走出「不可能」這個自我否定的陰影，就必須具備昂揚的自信。相信自己，用信心支撐自己完成別人眼中不可能完成的工作。

當然，爲自己灌注信心的同時，你必須先了解這些工作爲什麼被認爲「不可能完成」，針對工作中的種種「不可能」，評估自己是否具有一定的挑戰力，如果沒有，先把自身功夫做足做好。

因爲，挑戰「不可能完成」的工作只有兩種結果，不是成功便是失敗。而你的挑戰力往往使兩者只有一線之差，不可不愼。

川普之所以能有今天的成就，和父親佛瑞德的悉心教導大有關係。

讓人難以想像的是，川普從三歲開始，就被老川普帶著談生意。想像看，一個三歲的小男孩，被父親帶著參加房地產談判，這情景是多麼滑稽。

更不可思議的是，老川普並不僅是把小川普抱在腿上，也鼓勵兒子發表自己的意見。他一本正經地和小男孩討論著，認眞聽取兒子的意見。

這種潛移默化的影響力非常強大，川普家族的商業基因，就像一粒小小的種子，從小就種植在川普的腦袋裡，在往後漫長的歲月裡，逐漸成長爲參天大樹。

剛開始的時候，川普還有點怯場，在一群西裝革履的大人中間不敢開口。後來說得多了，就越說越順溜，常常發表一些很有見解的看法。人小鬼大這形容詞，用來形容小時候的川普頗為恰當。

川普後來回憶說，小時候的談判桌，不僅僅讓他了解了房地產，更為重要的，是「學到了堅持、激勵別人、高效率」。

佛瑞德的這種教育方式，還讓川普養成了獨特的氣質，無論看到什麼知名的大亨都不會畏怯，都能夠談笑自如。長大後，不管面對的是什麼政府高官還是商業大亨，川普早就見怪不怪了。

這也造成了另外一種效果，那就是川普膽子特別大，什麼都敢說，什麼都敢幹。因為他的世界裡沒有權威，也沒有什麼讓他感到害怕。

失敗，只是成功路上的意外

如果算上川普兒女這一代，川普家族的商業基因已經傳了四代，佛瑞德這一代就開始做大生意，到了川普的時候，一躍成爲眞正的頂級豪門。

佛瑞德從小就對川普的期望很大，不時告訴他：「你將會成爲領袖。」

在川普少年時代，他的父親已經成了千萬級別的富翁。儘管出身於富貴之家，但川普並沒有被嬌生慣養。相反的是，在佛瑞德嚴格管教下，川普少年時代就汗流浹背地送過報紙，或者幹一些辛苦的體力活賺取零花錢。這種鍛鍊對川普的成長很有裨益，讓他養成了不怕吃苦的性格。

當川普和他的兄弟姐妹們還在爬行和學步階段時，老川普就鼓勵他們：「一步二步三步，好！跌倒了別哭，自己爬起來再走，好！一二一，一二一……」孩子們果然不哭，跌倒了爬起來再走。

朋友們說他是「開孩子們玩笑」，老川普卻正經地回答：「你錯了，這不是開玩笑，這是人生之路的第一步，將來在社會上闖蕩，全靠這第一步！」

在這樣的教導下，孩子們茁壯成長著。

跌倒了，自己爬起來再走，這實在是一種難能可貴的人生態度。但還是有不少人，在現實社會跌倒了，卻不想爬起來。就因爲有了這種想法，使自己又失去了更多更好的機會，讓機會一次次的從自己的身邊擦過。

挫折是把雙刃劍，逃避它是一種折磨，戰勝它將是一筆財富。川普這麼說：「只有利用好它，它才會閃耀出光輝。一個人年輕的時候，一定要好好把握挫折，面對挫折，用樂觀的態度戰勝它。挫折是你前進的動力，一定會引你走向成功。」

川普從小所受的教育，就是這種挫折教育。

上中學之後，川普已經是個很壯實的小夥子了，總是把多餘的精力用在捉弄別人。老川普覺得兒子太過頑劣，應該多吃點苦頭，於是把他送到紐約軍事學院就讀，希望他能將信心和能力用在正確的地方。

在那裡，川普沒有得到任何一點有錢少爺應有的照顧，他和受訓的其他學生一樣每天訓練，最終獲得上尉軍銜。

後來，川普先是進入福坦莫大學就讀，兩年後轉到世界著名的學府賓州大學華頓商學院，在那裡，他邊學房地產專業邊幫老爸做生意。在學校學習到了商業理論，轉手就用到實踐中，這讓他初步體驗到了經商的樂趣。

當川普發現，自己在學校裡學到的知識，居然能讓他賺到錢時，那種無與倫比的成就感，讓他更加堅定學習商業的決心。等到從華頓商學院畢業時，川普手裡已經賺到二十萬美元，這在當時可是一筆鉅款。

畢業之後的川普，對房地產足夠了解，又有著豐富的實踐經驗，已經是一個非常合格的繼承者了。但佛瑞德還不滿意，沒有著急讓兒子接手家族生意，鼓勵他先去外面世界闖闖，給了一百萬美元啓動資金。

一隻雛鷹如果依附在父親的羽翼下成長，是不會眞正成長的。只有經歷過眞正的風吹雨打，才能成爲展翅翱翔的雄鷹。

接下來的幾年，川普用實際行動向父親證明了自己。這個大膽又有著旺盛野心的年輕人在商海裡橫衝直撞，很快就變成了一個很有魄力的地產商人。他的經商歷程就像坐雲霄飛車一樣，這幾年賺上個幾千萬美元，然後過幾年又破產。

川普年輕時不像後來那麼謹愼，在他的商業生涯當中，曾因爲進軍大西洋賭城而破產過四次。但每一次破產，都讓他浴火重生。

川普是一個驕傲而倔強的人，每次陷入絕境的時候，都沒有向父親求援，獨自面對所有的問題。當然，老川普也沒有打算出手幫忙，他對自己的這個兒子充滿了信心，堅定地相信川普一定能夠度過難過。

儘管如此，老川普始終默默地關注著兒子，對他的每次失敗都捏著一把汗。很顯然，老川普的擔心是多餘的，每次破產，川普都能夠面對事實，東山再起。他從來不承認那是失敗，認爲那只是成功路上一些意外。

事實上，儘管際遇凶險，川普依舊精力旺盛地投入到下一份事業中去。

在川普家幹了三十年之久的管家安東尼，後來接受《紐約時報》採訪時說，他最佩服的一點是川普每天只睡四個小時，天亮前必定起床，看報紙、打球，然後就開始一天的工作。

事實上，川普從小就是個野蠻的少年，永不服輸，永不認敗，在商場縱橫也是如此。他本人對這一點也非常自豪，後來總結一句話：「很多朋友破產了，再也沒見過他們。但幸運的是，我沒有選擇他們的路。因爲，我在成功人士身上看到的最普遍特點都是他們從不放棄。」

時間最能檢驗一個人，經歷風雨後依然能笑對人生的人，才會是最後的贏家。人遇到挫折的時候，往往第一時間就是發怒、傷心、哀痛，調整與恢復時間的長短取決於個人平常的修練，如何克服困難，則取決於個人性格。

截然不同的做事風格，造成結果或許會相同，但解決事情的行為方式卻會形成一個人的習慣，要讓面對挫折、克服困難成為一種習慣，眞的不容易。

漫漫人生路，充滿了坎坷和泥濘。多少人跌倒在這條路上，就再也沒有爬起來，多少人把這條路看得艱辛可怕，以爲很多苦難是不可跨越的。如此種種，都是懦者的表現。對川普這樣的強者來說，跌倒幾次並不算什麼，只要爬起來，同樣可以筆直地站在藍天下，繼續往前走。

培養自己的自信心

在商海中，自信是非常非常重要的成功因素，它可以幫助自己獲得更多、更大的成就。有的人天生就擁有強大的自信，有些人的自信是隨著時間，逐漸培養出來的。或許你會認爲，像川普這樣霸氣、狂妄的人，從小一定是自信到無可救藥的異類。讓很多人想像不到的是，川普恰恰是屬於後者，他的自信是隨著時間蘊積出來的。

川普年輕的時候，其實並不是特別自信。

有一些小事可以說明這一點。一九六四年，他從軍校畢業後，曾一度想就讀南加州大學的電影學院。當時的川普被輝煌的電影藝術吸引，崇拜當時名聲鵲起的明星。但經過反覆思考，他覺得自己並沒有能力在電影界出人頭地。他覺得那是一個高大上的行業，自己實在沒有信心在這個行業裡超越其他優秀的人才。與電影相比，反倒是房地產行業，因為從小耳濡目染，讓他覺得還是從事房地產生意更穩妥些。

雖然川普的這個決定，在今天看起來無比正確，但是從這件事上，我們可以看出，當時他對自己並沒那麼自信，至少不像如今一樣霸氣外溢，即使沒有任何從政經驗，仍自信滿滿地去競選總統，而且還居然做到了。

年輕時的川普，和任何一個他那個年齡的小夥子一樣，對自己的能力缺乏自信。後來，川普分析說，自己之所以不自信，主要源於對自己不滿意。對自己不滿不一定是件壞事，但是，如果這種不滿對正常的工作和生活造成影響，使自己的正面形象和精神受損，那就要注意了，它將會變成不自信的根源。

川普分析，產生不自信的原因很多，無外乎客觀因素和主觀感受兩個方面。

一、客觀因素

客觀因素主要是自身條件的限制，比如學歷、身高、容貌、家庭背景、職業環境……等等。這些在某種程度上會影響一個人對自我的判斷，從而對精神面貌、工作能力產生影響，最終影響上司、客戶對你的看法，與同事關係相處是否融洽，以及個人的升職之路等。

二、主觀感受

主觀感受是指對發生在自己身上事情的判斷力，以及對自身的評價，主要包括工作能力、公關社交、外形氣質等方面。這種評價有時源於別人對你的評價，以及你拿自己與他人做比較得出的評價，但是，事實上這種點評不見得是正確的，與別人比較得出的結論更是難分對錯。

一個人對自己不自信，最深層次的原因來自於多年來的「積怨」，甚至是「童年陰影」。要將不自信轉化爲自信，並非一朝一夕可以成完成，但只要馬上在行動上有所表現，積極地從工作和生活中的小事做起，慢慢培養，必定會有所改進，使自信一點一點重新回到身上。

川普的自信也不是一天培養起來，那是一個漫長的過程。

大學時代，川普先在布朗克斯區的福坦莫大學就讀，主要是想離家近點。當時，他和管理這所學校的耶穌會會員們相處得不錯，在學業上如魚得水，讓他的自信心又漸漸回到身上。於是，兩年後，他想既然得讀完大學，爲什麼不試驗一下自己的能力，轉到最好的學校呢？於是，他向賓州大學的華頓商學院申請，並順利被錄取。

後來，川普之所以能在房地產生意上橫衝直撞，與就讀華頓學院有莫大關係。可以這麼說，華頓商學院是美國富豪的搖籃，如果想在商界占一席之地的話，華頓學院是必經之路。哈佛商學院可以培養出許多總裁，但眞正國際知名的企業家幾乎都是從華頓商學院畢業的。

川普從華頓學院學到了很多，其中最重要的就是不要對分數看得太重。因爲分數很多時候並不能說明什麼，很多分數高的學生，實際上並沒有太了不起的能力，也沒有什麼傑出的作爲。

川普沒過多久便意識到，他的同班同學們並不像想像中那樣才華橫溢、出類拔萃，儘管他們考試的分數很高，但解決實際問題的能力卻很一般。這讓川普更加確認，他完全可以和他們競爭。

當然，他從華頓商學院得到的另一件重要的東西是學位。在他看來，這個學位並沒什麼了不起，但許多人，特別是跟他做生意的人卻十分看重它，認爲它很有權威。所以，從全面考慮，他還是很高興自己上了華頓學院。

商學院畢業後，他回到家中，整天和父親一道工作，這個時期他又學到了很多東西。隨著閱歷的增加和工作能力的提高，川普的自信心越來越強大。

在年輕的川普身上，自信心的建立是個循序漸進的過程。這種自信心的培養，對川普以後在商海中的成就至關重要。

對於自信心的培養，川普認爲可以透過下面的幾項準備來做出一些改變，取得一些成效。

準備一：對自己進行正確的評估

把自己的「硬體」攤一攤，比如學歷、工作年資、取得的業績，乃至身高、體重、著裝、皺紋等，都拿出來評判一番，看看是否其中的某項使你信心盡失。

要儘量多和朋友、同事溝通交流，看他們對你的評價是否與你自己的看法一致，或許你會有意外的收穫。當你發現，你在朋友圈、辦公室有那麼多的亮點，你是否有點自信了呢？即使他們只是在恭維你，也姑且相信吧。

準備二：給自己一個自信的新形象

自信從形象入手，無論你年紀多大，自信的人都是最亮麗的！你可以試著穿比實際年齡小幾歲的服裝，換一個時髦的髮型，走路步伐加大十五公分，加快速度，說話聲音大二十分貝，在走廊與別人熱情地打招呼……

這是建立自信新形象的開始，上司一定會喜歡，同事也必當刮目相看，你在別人心中有了新的形象和定位，自信也就隨之回來了。

準備三：提升你的工作能力

沒有天生的拿破崙，只有眞正的工作能力才能成爲你自信自強的基石。

既然你選擇了現在的工作，就要努力去做好，就要深入地了解本職工作需要哪種人才，自己還欠缺哪方面的知識或能力。可以誠懇地與上司交流，達到共識。如果你缺少電腦、英語方面的知識，那就去上補習班；如果你優柔寡斷，那就加強心理素質方面的鍛鍊；如果你是銷售人員，卻天性拘謹，那麼就需要多參加各種社交活動。最簡捷有效的方法，就是觀察身邊優秀的同事、朋友，從他們身上你可以找出自己與他人的差距，學到更多。

川普說，在事業的發展上，自信會給我們帶來力量，成爲我們不斷向前發展的推動力，相信不甘於現狀的有爲青年，都會邁出自信的步伐，迎接更美好的前程。一旦在工作中樹立起使命感，我們就會主動的在工作中發現問題，解決問題，每天自然就會活得很充實。如此堅持不懈，你就會發現自己每天都在進步，每天都有收穫，每天都會感到快樂。

開拓創新，不走老路

川普進入父親的公司之後，一方面努力工作，跟著父親佛瑞德學習做生意的各種技巧，另一方面，他也有自己的想法。他不想完全沿著父親的老路走下去，開始考慮改變經營方式。

對接受過精英教育的川普來說，父親的辦事方式讓他覺得過於粗暴。比如說，爲了鍛鍊兒子和人打交道的能力，老川普讓他與收租人一起到處收房租，這是一個非常考驗人的工作。

按照佛瑞德的經營方式，要做好這項工作，得有強壯的身體，因爲，想讓那些不願交房租的人們乖乖付錢，體魄要比頭腦重要得多。

剛開始的時候，陪著川普一起收租的老收租人告訴他：「當你敲門時，千萬不要站在門的前面，要站在牆邊伸出手去敲門。」

那位像街頭混混一樣的收租人，鄭重其事地告訴川普這樣做時，他簡直無法想像爲什麼要這樣。

他很天眞地問：「幹嘛要這樣？」

收租人驚訝地看著他，好像面對的是個傻瓜一樣。

「這樣做的目的是，」收租人歎了口氣說：「如果你站在一邊，受到危險的只有你的手。做這門生意很危險，如果你在倒楣的時候敲了一扇倒楣的公寓門，你就有可能吃子彈。」

川普大吃一驚，這種情況父親從來沒告訴過他。

事實上，老川普從來沒有爲兒子提供過保護，讓川普獨自去面對這樣的問題。這個剛從華頓商學院畢業的年輕人，突然一下進入充滿暴力和令人厭惡的境地，心情可想而知。

這段糟糕的經歷讓川普覺得，自己父親的公司並不怎麼吸引他。這種挨家挨戶收房租的工作，就像黑社會收商戶的保護費一樣，讓他覺得很不適應。

讓他覺得沒興趣的第二件事是，這樣的生意利潤很低。佛瑞德一直以來的經營模式，是走薄利多銷的路子，除了一分錢一分錢地摳以外別無選擇，根本談不上添置豪華設施，特殊設計就更談不上了。每座樓房的樣式都差不多，四面牆，千篇一律的紅磚浮飾，顯得單調，沒有創意和美感。

建設這樣的低價房屋，並不是川普追求的，但是他的父親卻樂此不疲。川普有自己的想法，思路和父親完全不同。

事實上，川普後來獨自闖蕩，建造的那些高檔樓房，也同樣入不了父親的法眼。他們兩父子之間，有著截然不同的經營理念。

有一次，老川普來看兒子建到一半的川普大廈，發現這棟建築的外牆浮飾用的是整面玻璃牆，立刻指出這比磚牆要貴得多。另外，川普用的是市場上最貴的青銅反光玻璃，這在當時是非常奢華的事情。佛瑞德看了一眼，然後對兒子說：「你爲什麼還不忘掉這種混蛋玻璃。把它用到四、五層高就行了，其他部分都用普通磚頭，反正沒人會往上看。」

川普笑笑，只是笑笑，他無法向父親解釋這麼做的原因，正如他無法理解父親的老一套觀念。老川普站在第五十七大街和第五大道的交叉路口上，心裡仍想著節省幾塊錢，這種艱苦樸素的作風雖然讓人很感動，但卻並不合時宜。當然，川普知道父親是怎麼走過來的，但他同時也很清楚，自己爲什麼不走父親的老路。

川普要離開父親的行當的眞實原因，不僅僅因爲建造低價房屋的行當費力不少，但賺錢不多，更重要的是，他有許多遠大的夢想，這些夢想是無法在郊區建造平民住宅的事業中實現的。

川普渴望建設高級、有品位的樓房。他說，這種近乎固執的偏好，是從母親那裡得到的。她是一個很傳統的家庭婦女，但具有對事物的敏銳感覺，尤其是對戲劇性的和富麗堂皇的事物顯得很有天賦。

川普少年時代，父親和母親截然不同的觀念，曾讓他記憶深刻。有一次，川普的母親瑪麗在電視機前一動不動地坐了一整天，只是爲了觀看伊莉莎白女王的加冕儀式口，她被那宏偉的景觀和堂皇華貴的魅力迷住了。

老川普則一邊不耐煩地踱來踱去，一邊說：「看在上帝的面上，瑪麗，妳到底有完沒完？關掉它！這幫人都是些虛僞的戲子。」

然而川普的母親連頭都沒抬，他們在這點上是完全不同的兩種人。

川普的母親喜歡輝煌華麗的事情，而父親卻是腳踏實地，只相信能力和效率。川普本人在這一點，明顯得到了母親的遺傳基因。

4 Chapter

勇闖曼哈頓

川普拿到了華頓商業學士學位後，開始嚮往曼哈頓，因為曼哈頓是紐約的首富之區，許多跨國大公司和國際大銀行都在該區的華爾街上。曼哈頓是川普的發跡之地，他在那裡完成了自己的夢想。

商機就在細節裡

在父親不遺餘力地培養下，川普從年輕時就展現出非同一般的商業頭腦。在大學時期，當同學們閱讀著報紙上的笑話和體育專欄的時候，他卻在讀聯邦住房管理局的房產沒收清單。

研究由聯邦政府補貼並沒收的房產清單好像有些不正常，但商機就在細節中，一般人沒有注意到的事情，川普注意到了，這就是他的獨特之處。

事實上，他就是這樣發現了斯威福頓村，這是一個非常有開發價值的專案。

斯威福頓村位於俄亥俄州辛辛那提市，有一千兩百套公寓。在一般人眼中，這是塊很麻煩的地方，八百套公寓沒有人住，開發商破產，政府收回抵押品贖回權，整個專案成了個爛攤子。

但在川普眼裡，這卻是一次極佳的機會。他毫不遲疑地和父親一起把它買下來。那時，川普還在上學，這是他人生的第一筆大生意。

一般來說，政府部門將一項財產沒收時，只想早點脫手，因爲他們沒有能力管理它，而且這種專案通常糟得甚至沒有人願意投標。

事實上，在美國各地都可以發現同樣的現象。以聖貝爾特爲例，有人在石油熱時期建了許多住房。現在這些巨大的住宅區有三十%至四十%的空房率，開發商們早已破產，銀行也已收回贖回權。

但對於一個聰明的買主來說，這是個絕佳的獲利機會，因爲在這裡，可以做成無法想像的生意。

當時，川普父子投了最低標價，政府接受了，他們以不到六百萬美元買下了這片兩年前剛剛建成，耗資兩倍於這個數目的房產，還同時獲得了財產抵押權。換句話說，他們沒有用自己的一分錢便買下了這片住宅。

川普所需要做的，只是妥善管理它。縱使他管理得不太好，也能用後續的房租支付抵押借款。

這個項目的巨大規模吸引了川普和他的父親，因爲這意味著他們可以節省很多精力和時間。對一個經驗豐富的地產商人來說，管理五十套公寓和管理一千兩百套公寓，所花的力量幾乎相等。不同的是，管理一千兩百套時，需要一個龐大的管理階層。

他們拿下這個專案後，成功與否就取決於管理和市場推銷了。接下來，他們面臨的是要把房子租出去，而且要租給那些願意住在這兒的好住戶。

川普接管這片房產時，住在那兒的住戶已經把房子毀得滿目瘡痍。許多住戶是從肯塔基的山上下來的，他們非常窮，帶著七、八個孩子，幾乎沒有家產，也沒有在住宅生活的習慣。他們擠在一間或兩間一套的公寓裡，野蠻的孩子幾乎搗毀了公寓裡的一切設施。

這些住戶不想交房租，許多人甚至認爲交月租是不合理的。如果逼他們，他們便逃之夭夭。爲了逃房租，這些人會租部拖車，在凌晨一兩點鐘把它開到公寓前面，帶上他們所有的家當遁入夜幕。

川普倒不在乎他們逃跑，但要他們先付清房租。他的對策是組織一支「拖車監視隊」，晝夜不停地巡邏監視著他們。

剔除掉壞住戶後，川普重新裝修了公寓來吸引好一些的住戶。這需要大量的投資，完工時差不多花了八十萬美元，這在當時是很大的一筆錢，但花得很值得。

在紐約，法律不准漲房價，即使屋主做了進一步裝修，但在辛辛那提，川普可以在斯威福頓村收取較高的房租。

爲了讓房子住起來更舒服，川普做的第一項投資是爲窗戶裝上美麗的白色百葉窗。百葉窗立即給冷冰冰的紅磚樓房，增添了溫暖而又賞心悅目的感覺。這點很重要，但也是想像中費錢，因爲他們要爲一千兩百套公寓全安上百葉窗，每一套住宅都有八到十扇窗戶。

接下來，他們把每套公寓廉價而可怕的鋁門全部拆掉，換上美麗的克魯尼爾式白色大門。整個工程完成後，這裡的公寓樓立刻變得完全不同。

川普很注重保持整個住宅區的整潔和秩序，他是個愛整潔的人，總是對清潔有高規格要求，但他認爲這是很好的投資。川普舉例說，如果你想賣掉汽車，先花五美元洗一下車，然後再上點蠟，就會發現你的車一下可以多賣四百美元。如果你看到有人在賣一部骯髒不堪的汽車，就知道這個人肯定是個笨蛋。事實上，讓車子好看一點是很容易的。

在川普看來，做房地產生意，和賣汽車沒有什麼不同。人們總是喜歡看起來舒服、順眼的商品，所以維護得很好的房地產，總是比維護得不好的價值高得多。雖然說，在房地產比較熱絡的時候，人們會隨著房地產熱潮見什麼買什麼，但是，千萬不要受景氣的蒙蔽而犯下錯誤。市場總在變化，當房地產走下坡路時，整潔程度便成爲主要的價值衡量標準之一。

爲了讓房子更好出租，川普僱人給走廊上了油漆，給地板上了色拋了光，把空閒的公寓打掃得一塵不染，並且美化了環境。

川普還在報紙上刊登了美麗的廣告，那時還沒有多少人登房地產的廣告。廣告刊登之後，吸引了很多人的目光，紛紛趕來印證報紙上刊登的是否眞實，很快，人們親眼見到了乾淨整潔的公寓樓，果然和報紙宣傳的一樣。消息一傳十，十傳百，一年之內，所有的樓房都百分百地租了出去。

找到合格的專案經理

在經營斯威福頓村公寓樓的過程中，川普換掉了好幾個專業經理後，最後才找到了他想要的人。

有的經理人很老實，但卻很笨，其中包括一位一絲不苟地親自爲公寓刷漆的先生，另一些人很聰明，卻對管理一無所知。値得慶幸的是，川普很快地將他們淘汰掉了。他喜歡很快做出判斷，對於不合格的經理人，會毫不留情地開除。

最後，川普終於找到了一位神奇的銷售專家，這人叫伊爾文。伊爾文當時六十五歲，在川普看來，對方的確是個人物，可以說是他遇到的最能言善道的演說家了。伊爾文除了口齒伶俐，做事精明外，還是一位難得的經理。這種人每天工作一小時，可能比大多數經理幹十二小時還有效。

從伊爾文身上，川普悟出一個道理：你花了多少小時幹工作並不是最重要的，重要的是在你工作的時候完成了什麼。

不過，伊爾文身上也存在很大的問題。事實上，他並不是值得信賴的人。川普從認識他的第一天就懷疑這一點，儘管他佩服伊爾文的才華，但又直覺認爲這個老頭子沒那麼簡單。

很快，他的直覺得到證實。川普的保險代理人做了一番調查，打電話給他說：「唐納，你是不是在開玩笑？這傢伙是個騙子！」原來，伊爾文有過各種行騙和欺詐的行爲，經常有法律上的麻煩。

川普的哲學一直是：「如果你抓到一個小偷，你一定要嚴懲他，哪怕這要多花十倍於他所偷的錢。」他認爲無論在什麼時候、什麼地方，偷竊都是一種很壞的行爲，行騙同樣是如此。

但川普對伊爾文卻有點進退兩難。因爲，伊爾文比他能找到的任何忠實的經理都能幹得多，川普相信，如果讓他負責的話，他手下的任何人都不敢偷東西。

這就意味著他只需把眼光盯住伊爾文。他常常和伊爾文開玩笑說：「我付你五萬美元年薪，外加你能偷到的所有東西。」這種玩笑常使伊爾文十分窘迫。

伊爾文長得並不出衆，矮矮的、胖胖的、禿頂、戴副厚厚的眼鏡，拳頭像甜麵包一樣，一輩子除了筆以外，恐怕從未舉起任何東西。在形象上，他沒有任何長處，然而他有一張令人難以置信的嘴。

在那些年代，有許多住戶習慣延遲繳交房租。有時候，伊爾文不得不自己去收房租，他會挨家挨戶按門鈴，每當有人開門時，他會勃然大怒，然後使用法律條文來威脅。這完全是場表演，但非常有效，這些人一般都乖乖地當場補齊租金。

有一天，伊爾文正巡迴收租，敲了一扇門後，一個十歲的小女孩出來開門，伊爾文說：「去告訴妳爸爸來交房租，否則我要把他的屁股打爛。」他一直這樣怒罵著，直到女孩的母親聞聲出來。

對方是個非常漂亮的女人，伊爾文一見漂亮女人就腿軟，馬上換了副模樣向她大獻殷勤，邀請她吃晚飯。但是，這女人對伊爾文不感興趣，最後，他只好悻悻而去。

大約一小時後，伊爾文和川普正坐在辦公室裡，一個彪形大漢衝了進來。由於伊爾文當著他女兒的面辱罵他，又想勾引他妻子，他正氣得發瘋。

這傢伙的兩眼充滿殺氣，川普原以爲伊爾文會拔腿就跑，沒想到，伊爾文卻開始用語言攻擊這人，又叫又跳，並用拳頭在他面前揮舞。

川普覺得伊爾文的表現很像馴獸師。如果野獸感到馴獸師的軟弱和害怕，牠會在一秒鐘內撕碎馴獸師。但若是馴獸師打著響鞭，威嚴地走過去，令人驚奇的是，獅子會乖乖地聽他的話。伊爾文對這個大漢也是用這個辦法，他的鞭子便是他的嘴巴。這傢伙仍然怒氣沖沖，但最後不得不離開辦公室。

伊爾文用馴獸師的方式救了自己的命，這給川普留下了生動而深刻的印象。無論遭遇什麼對手，都不要被對方嚇倒，要穩住陣腳，挺直腰桿，不管發生什麼事，都要無畏無懼面對現實。

伊爾文把斯威福頓管好後，川普在那兒花的時間越來越少，減少了對斯威福頓村的關注，開始時一星期一次，後來一個月一次。

和不同的人交朋友

在整頓斯威福頓村初期，川普和一位新搬來的住戶交上了朋友。那個猶太老頭曾在波蘭集中營待過，移民到美國後經營肉品生意，川普認識他時，他已買下十四家肉品店。他和他的妻子租下了兩套公寓並把它們打通，裝飾得十分講究，在那兒住得很愉快。

川普很尊重這個人，因爲他是從底層一步步累積財富的，能發展到這樣的規模，說明他是個優秀的人。

川普買下斯威福頓幾年後，有一天正在巡視時，遇見了這位朋友。

川普問他：「你過得怎麼樣？在這裡生活感覺如何？」

猶太老頭突然把他拉到一邊，小聲對他說：「唐納，你是我的朋友，我得告訴你，賣掉這地方。」

川普很吃驚地問：「爲什麼？」

老頭臉色凝重，很認眞地說：「因爲這地方已經變得很糟糕了，不是這些樓房，而是這個地區。這地方到處都是壞人，他們會掐斷你的喉嚨，然後若無其事地走開，我是在說那些喜歡掐斷別人喉嚨的人。」

川普對他尊敬的人的話，向來十分看重。

他直覺認爲有必要觀察一下狀況，於是在辛辛那提多花了兩天時間，四處轉了一圈。他看到許多潛在的麻煩，感到居民之間的關係變得很緊張。

他立刻決定賣掉這地方，消息一放出，馬上就有回應。

經過幾年的運作，他已經把斯威福頓村經營得相當好了，租金總額達到一年七十萬美元。但川普相信，把它賣掉是幹得非常漂亮的一件事。

買家是「謹愼房地產投資信託公司」，這是種以股東集資形式投資房產業的企業。那時候，房地產的生意正處於紅火的年代，生意成交又快又多，銀行對任何房地產公司都給予貸款。但這種房地產公司的人既欠缺專業知識又沒有能力，川普把這些人叫做冤大頭，「這些人可以把錢扔到波多黎各，連去都不去看一眼，最後才發現他們認爲已經買下的樓房還沒開工呢。」

「謹愼公司」派了個年輕人來考察，評估這個項目是否值得購買。這個年輕人年紀和川普差不多，但看上去像個孩子。川普很吃驚，想不到這家公司竟然把這樣一項重大決策交給了這麼年輕的人，儘管川普自己也很年輕。

這個年輕人對考察工作並不感興趣，最想做的事情是到外面吃午飯。他聽說辛辛那提市有家梅松尼特餐館，號稱是美國最好的五家餐館之一，非常想到那兒吃飯。

川普到機場接到他，然後帶他看了一下斯威福頓村，證實那裡的公寓有百分之百的出租率。除此之外，年輕人不想再問其他問題，急於要去梅松尼特吃飯。年輕人在斯威福頓村大約用了半小時，吃一頓午飯卻花了三個小時，這和川普的一般工作方式正好相反。

如果是川普來考察斯威福頓村這種大型項目時，一定隨便吃頓飯，省下更多時間，盡可能多地了解自己要買的貨色。

吃完午飯後，已接近四點了，川普送年輕人上飛機。年輕人酒足飯飽，得意洋洋地回到紐約，並大力促成這筆生意。他告訴他的老闆們，買下斯威福頓村絕對是個了不起的生意。

於是，「謹慎公司」批准了他的方案，價格是一千兩百萬美元。川普和他父親賺了大約六百萬美元的利潤，這對一項短期投資來說是個巨大的收益。

川普說，「謹慎公司」的人應該更謹慎一些，儘管房地產生意那時正熱得燙手，大家只愁買賣做得不夠快，但是，匆忙行事總是要付出代價的。合約執行完畢後，斯威福頓住宅區便出現了大量的空閒公寓。短期來看，這是一個非常划算的生意，但從長期來看，謹慎公司其實是接手了一個正在走下坡路的生意。

初次進入曼哈頓

川普十三歲時，父親就把他送到軍事學校去上學。軍校畢業後，他又到福坦莫大學上學。兩年之後，他認爲如果立志經商，華頓商學院是個非去不可的地方，於是轉而攻讀商業。

一九六八年，川普拿到了華頓商業學士學位後，開始嚮往曼哈頓，因爲曼哈頓是紐約的首富之區，許多跨國大公司和國際大銀行都在該區的華爾街上。

衆所周知，曼哈頓是川普的發跡之地，他在那裡完成了自己的夢想。但大學畢業那時，房地產市場十分火熱，地皮價格高昂，他無法找到一塊能買得起的好地皮。

川普曾經試圖說服父親投資，但是被無情地拒絕了。

老川普一生幹得很出色，但不認爲應該給子女們留下大筆資產。就像很多成功人士一樣，他認爲兒女們應該學會自力更生。作爲一個成功的商人，他寧願把大把的錢投資到孩子的教育中去，也不願意直接送給孩子。

於是，川普一方面幫父親經營生意，同時盡可能把時間用在曼哈頓。

在川普眼中，曼哈頓是冒險家的樂園，那裡充滿了各種機會，也佈滿了陷阱。成功者富可敵國，失敗者跳樓自殺。川普胸懷大志，決心去那裡闖蕩一番。但那時，川普只是一個初出茅廬的大學畢業生，無法找到自己喜歡又買得起的標的物。

川普大學畢業時，擁有的淨資產大約爲二十萬美元，多數都押在布魯克林區和皇后區，因而只能耐心地等待機會。在父親公司上班的這段時間，是川普過得比較悠閒的一段日子。每天上班時，他幫父親管理產業，下班後就儘量在曼哈頓多下功夫，他知道自己總有一天會衝向那裡。

一九七一年，機會終於來了，那一年成了川普的轉捩點。

大學畢業後的第三年，他在曼哈頓租了一套公寓房間。這是一套小型的公寓，面朝鄰近樓房的水塔，室內狹小、昏暗。儘管如此，他很喜歡它。

川普的曼哈頓公寓位於第三大道和第七大街之間的一棟樓房裡，因爲正好接近樓房的頂部，所以川普戲稱它爲「小閣樓」。他曾試圖讓它顯得寬大一些，但不管怎麼努力，它仍然是骯髒而黑暗的小公寓。

事實上，他搬進那所公寓的心情，比十五年後搬進位於第五大道和第五十七大街之間，俯瞰中央公園的川普大廈的頂樓公寓更為激動。他是在皇后區長大的孩子，工作在布魯克林區，突然住進上東城區的公寓，心情十分雀躍。

更重要的是，這次搬家使川普對曼哈頓有了更加深入的了解。

他逛街的方式很特別，用房地產商的眼光看這一切，而不是像旅遊者或生意人那樣逛大街。他漸漸熟悉了這裡所有好的地產，不再是住在市郊的孩子，變成了城裡人。他自認有了世界上最好的資本：年輕、有精力，並住在曼哈頓，儘管他仍要回到布魯克林區上班。

精力充沛、野心勃勃的他，已經忍不住要在這裡大顯身手了。不過，他在曼哈頓的根基未穩，首先要做的，是拓展當地的人脈。

走進高端人脈圈

在美國，流傳著這樣一句話：每個人距總統只有六個人的距離。意思是說，人際關係形成的連鎖效應，能持續延伸到總統的橢圓型辦公室。想想看，如果你距離總統只有六個人的距離，那麼距離你想會見的任何人都不會太遠。

事實上，人脈網路有時候就是這麼強大。一個人交往的範圍越寬廣，能碰到機遇的機率就越高，有非常多的機遇就是在與人的交往過程中出現的。

在曼哈頓，川普所做的第一件事就是加入李氏俱樂部，它是當時最熱門的俱樂部之一，位於東五十四街區，成員包括世界上一些最成功的男人和最漂亮的女人。要成爲這家俱樂部的會員可不是一件容易的事，川普爲此費了一番心思。

有一天，他給李氏俱樂部打了個電話：「我叫唐納．川普，想加入你們俱樂部。」

電話那頭的傢伙笑了笑說：「你開什麼玩笑？」

事實上，沒人聽說過川普的名字，像他這樣不知天高地厚的年輕人，很難引起別人的注意。不過，他並沒有氣餒。

第二天，川普想出另一個主意，又打了個電話對那傢伙說：「聽著，可以給我一份俱樂部成員名單嗎？我可能認識你們的一些成員。」

「對不起，我們不能提供服務。」然後，對方掛斷了電話。

第三天，他又打了個電話，「我要找俱樂部主席，想送給他一些東西。」

這一次川普很幸運，不知爲什麼，電話那頭的那個傢伙，居然把主席的名字和辦公室電話告訴他，這讓他喜出望外。

於是，川普馬上給俱樂部主席打了個電話，很有禮貌地說：「我叫唐納．川普，希望參加李氏俱樂部。」

俱樂部主席問：「你在俱樂部裡有朋友或家庭成員嗎？」

川普老老實實地說：「沒有，我誰也不認識。」

「那麼，你有什麼理由認爲你能得到批准呢？」

川普滔滔不絕地列舉了許多理由，最後，電話那頭的傢伙對他說：「聽起來你像是個不錯的小夥子，也許吸收一些年輕會員有一定好處，所以，咱們幹嘛不在『二十一』酒吧喝一杯呢？」

從這件小事可以看出，川普有著很強的交際能力，想要認識誰，一定能做到。

事實上，凡是成功者大都是具有不錯關係網的人。這種網路由不同行業和年齡的朋友組成，有過去的老友，有最近的新朋，有男有女，有長輩與晚輩，地位有高有低，從事不同行業，有著不同特長，住在不同地方。這樣的關係網，才算是一個比較成功的人際網路。

川普強調，在你自己的關係網中，應該有形形色色的朋友，他們能夠從不同的方面爲你提供不同的援助。

關係網就是一個集合，是人們在社會歷練中形成的不同形式的人與人之間的關係。關係網既然被叫做「網」，就應當涵蓋網的特點。意思就是，在這張網裡面，朋友的構成都是有規律的，均勻分佈的。

不擅長交際的人交友卻不是這樣，他們結交的範圍非常狹隘，分佈不均勻，只在自己熟悉的範圍內結識一部分人，而且這些人的行業和特長基本上都是比較單一的。這樣就不能形成一張標準的關係網了。

川普強調，從做生意的角度出發，擴大自己的交友圈是機遇的源泉。有許多機會就是在與朋友交往中出現的，有時甚至朋友偶然的一句話、無私的幫助與關心，都有可能轉化爲難得的機遇。在某些情況下，還得靠朋友的推薦、告知重要的資訊，才獲得成功。

聰明人不應當急躁，有許多機遇是存在於交往中的。在初步交往的過程中，很可能暫時看不到這種機遇，但不要因爲看不到交往的價值，就忽略這種交往。

川普拓展人脈圈子的秘訣是，多認識一些朋友多的人。每個人的人脈網是不一樣的，朋友的朋友也有可能成爲你的朋友。這就如同數學的乘法，以這樣的方式來建立人脈，速度驚人。

川普聯繫到了李氏俱樂部的主席，第二天晚上在酒吧碰面。

其實，川普不喝酒，也不善於坐在酒吧長談。他的客人恰恰相反，非常能喝，還帶了位旗鼓相當的酒友喝了兩個小時的酒，川普卻滴酒未沾。

最後，川普實在忍不住了，站起來說：「聽著，朋友，我能送你們回家嗎？」

然而他們卻說：「不！讓我們再吃一杯。」

川普不習慣這種生活方式，他有一位古板得像石頭一樣的父親，生活作息很規律，每天晚上七點鐘回家，晚飯後看報章雜誌，面對這樣一種完全不同的生活方式，讓他很不適應。

他甚至懷疑，是不是曼哈頓每位成功者都是個酒鬼？如果這是眞的，川普盤算自己將有很大的優勢。

大約十點鐘，這兩人喝夠了，川普負責把他們送回家。

兩星期以後，他一直未得到這位主席的消息，便給對方打了個電話，結果，對方根本記不起川普是誰了。

川普沒有辦法，又到「二十一」酒吧。幸好，這次俱樂部主席沒有多喝，同意川普成爲會員。事實證明，不論是從社交還是生意方面，這都是有利的進展。

川普在與人打交道的過程中發現，把人脈關係連結成社會網路的時候，成本是很低的，不需要花更多的時間做介紹，不需要花更多的時間請客吃飯。

川普說，我們擁有的人脈關係就如同做生意，也是一種社會交換。我們跟朋友之間之所以可以維持良好的互動關係，是因爲我們各自有可交換的東西，而且這種交換是不同價值的交換，對雙方都有意義。

社會都是一張網，每個人都是其中的一個結，你和越多的結建立有效的聯繫，就越能四通八達，這張網就會成功通往成功彼岸的捷徑。否則，你就只是一個結，即使這個結再大，也僅是孤零零的結，無法讓你成就大事業。

人脈就是金脈，更是一種無形的資產，是一筆潛在的財富。沒有豐富的人脈關係，你就只能孤軍奮戰。

川普從來不認爲，搞好人脈關係只是社交、應酬。他深信，一個人的人脈關係越豐富，能量也就越大。別人辦不了的事情，你可能一通電話就解決了；反之，你費了九牛二虎之力都解決不了的問題，也許別人一聲招呼就輕輕鬆鬆地搞定了。創建有效的、豐富的人脈關係，其實就是成功致富的不二法門。

人脈就是最有效率的資源

在李氏俱樂部，川普遇見不少非常成功和富有的男人。表面上，他每晚都在享受夜生活，過得十分愉快，事實上他是在工作，是在認眞學習紐約這個商業舞台是怎樣運轉的，正仔細觀察著這些未來或許會與他有生意往來的夥伴。

川普並不是個喜歡閒聊的人，但他知道人際關係對他的重要性。

川普知道，只有在這個社會中遊刃有餘、八面玲瓏，才能夠爲自己事業的成功開拓寬廣的道路，如果自己沒有超凡的交際能力，就不可避免地會處處碰壁。這正是商業社會的鐵血定律：人脈就是錢脈！

在李氏俱樂部裡，川普還結識了許多有錢人，特別是歐洲人和南美人，他們後來都在川普大廈和川普派克大廈買下了最昂貴的公寓。

對於人脈關係的重視，已經深入到川普的骨子裡。

事實上，所有的美國商人對人脈都相當重視。曾任美國總統的希歐多爾·羅斯福也說過：「成功的第一要素就是懂得如何搞好人際關係。」

川普作爲成功的商界人士，深切地意識到了人脈資源對自己事業非常重要，不可或缺。

成功學大師卡耐基經過長時間的研究，最終得出結論：「一個人是否成功，專業知識發揮的作用只占十五%，而餘下的八十五%則取決於人際關係。」

因此，不管你從事的是什麼行業，只要學會了恰當地處理人際關係，那麼屬於你的那條成功之路就已經前行了八十五%的路程。

這也難怪川普會說：「我願意付出比天底下得到其他本領更大的代價，來獲取與人相處的本領。」

雖說是金子就會閃光，但那也需要有人看得見光。現實中不乏這樣的人，相貌堂堂，胸懷大志，才華滿腹，既有學歷，又有超人的工作能力，然而卻始終鬱鬱不得志，甚至是別人眼中的失敗者和負面教材。

川普曾舉過一個實例。

美國老牌影星寇克．道格拉斯年輕時十分落魄潦倒，沒有人，包括許多知名大導演都不認爲他會成爲明星。但是，有一回寇克搭火車時，與旁邊的一位女士攀談起來，沒想到這一聊，竟聊出了他人生的轉捩點。沒過幾天，寇克被邀請到製片廠報到。原來，這位女士是位知名製片人。由此可知人脈的重要性。

川普從小跟著父親和各式各樣的人打交道，很小就明白一個道理：人就是資源。他強調，年輕人剛剛開始準備開創自己的事業時，可能沒有錢、沒有設備、沒有技術，但這些都不要緊，只要擁有掌握這些資源的人就行。對川普而言，掌握人脈無疑是成功與否的最大關鍵。

找到屬於自己的貴人

在向事業高峰攀登的過程中，貴人的幫助往往是不可缺少的一環。有了自己的貴人，不僅能爲自己加分，還能增加成功的籌碼。

在川普看來，得到貴人相助，成功就會因此而變得簡單。因此，找出自己的貴人，並贏得他們的信任和賞識，是成功的重要一步。

所謂的「貴人」，不一定是指那些身居高位的人，也可能是指那些有著特殊才能的人，不管在經驗、專長、知識、技能等各方面，都能幫助你的人。他們可能是某個行業的師傅，也可能是教練，或者也許是引薦人。人生路上只要能遇見「貴人」，就能夠吉星高照，前途一片光明，甚至一飛沖天。

在李氏俱樂部，川普結識的第一個重要人物是羅伊·科恩律師。科恩在人們心目中是個天不怕地不怕的傢伙，川普早就久仰他的大名，也知道他是個不畏戰鬥的勇士，決定一定要認識這個人。

作爲精明商人，他當然知道，結識一個優秀的律師有多重要。某天晚上，川普剛好與他坐在同一張桌子，有人爲他們相互介紹。他們談了一會兒，還挺投緣，接著川普便向他挑戰，他喜歡藉由這種模式考驗人。

他對科恩律師說：「我不喜歡律師。我認爲他們所做的一切，都是在耽誤時間、延誤生意，而不是在解決問題意。他們給你的每一個答覆都是否定的，他們總是期待調停，而不是爭取權利。」

科恩說他同意這個觀點。

川普很高興，接著說：「我可不是這種人，我寧可鬥爭，絕不妥協，絕不屈服，因爲，只要屈服一回，人們馬上就會把你看成膽小鬼。」

川普看得出，羅伊·康恩被他的話吸引了，但他還摸不清對方的態度。兩個人又聊了一會，羅伊·康恩問：「這只是關於學術性的討論嗎？」

川普說：「不是，跟學術一點關係也沒有。事情是這樣的，政府剛剛控告我們家族公司，說根據民權法，我們在一些房地產開發專案中歧視黑人。」

川普向他講述了他和父親花了一個下午時間與華爾街一家知名律師事務所的談話，律師們勸他們調解此事。大多數生意人受到政府指控時，一般都會選擇和解，不想造成不良的影響，即使遭到錯誤的指控。

但川普不認同這種模式，他們想要的是肯定能付得起房租的住戶，能保持清潔，整齊和良好鄰里關係的住戶，收入比房租至少高五倍。所以，他問羅伊：「你認爲我們應該怎麼辦？」

羅伊直截了當地說：「我的意見是讓他們見鬼去，和他們在法庭上見，讓他們證明你歧視了黑人。這一點他們很難做到，因爲你已經有了黑人住戶。」

他還告訴川普：「我認爲你沒有義務向不符合條件的人出租房屋，不管是黑人還是白人，而且政府也無權干涉你的生意。」

川普非常興奮，當即認定羅伊．康恩是處理這個案子的最合適的人選。儘管那時川普還是個無名小輩，但羅伊喜歡戰鬥，立刻接下了這個案子。後來，他們一起去了法庭，對指控進行了反駁。

最後，政府拿不出證據，不得不做出讓步，只要求川普在當地報紙上刊登一則機會均等的廣告，案子就這樣結束了。

5 Chapter

沒有運氣，也要創造運氣

所謂的運氣，從來都屬於那些有理想、勇於追求、有上進心的人。只有擁有了這樣素質，一個人才會最大可能地發揮自己的潛力。沒有運氣，也要創造運氣！這是對川普的成功最好的詮釋。

時機需要慢慢等待

川普搬到曼哈頓過了一段時間之後，認識了許多人，了解了很多房地產狀況，但仍然沒有找到一處能以合適價格買下的地段。

然而，到了一九七三年，情勢急轉直下，曼哈頓的狀況突然間變得很糟糕。他一向認爲房地產市場會冷卻下來，因爲任何事情都是循環發展的，房地產也不例外，但沒有預料到事情會糟到這步田地。

許多不利因素交織在一起，造成了當時的局面。

首先，聯邦政府宣佈暫停對房屋建築的補貼，與此同時，利率開始上升，在利率多年來一直穩固的情況下，人們已經忘掉它還可浮動。

其次，通貨膨脹突然爆發，使事情變得更加糟糕，建築材料在其他物品價格上漲之前率先上揚，建築成本暴漲。

此外，最大的問題還是紐約市政府本身的財政危機造成人心惶惶。市政府的負債水準已上升到讓人心驚肉跳的程度，不少民眾紛紛議論城市什麼時候會破產。恐慌引起更大的恐慌，不久，紐約市已面臨信任危機，民眾已經對市政府失去信心。

當時的市場環境已不適合新的房地產開發了。一九七三年的前九個月裡，市政府批准在五個郊區興建一萬五千套新公寓和獨家住宅。然而在一九七四年的前九個月裡，這個數字下降到六千套。

川普也擔心紐約市的未來，但他基本上是個樂觀主義者，認爲紐約市的麻煩給他創造了一個良好的機會。他是在皇后區長大的，堅定地相信曼哈頓永遠是最好的住宅區，也是世界金融中心，在這裡建房子，一定大有前途。

在曼哈頓，一直使他感到振奮不已的地產之一，是哈得孫河旁大面積的廢棄的火車停車場。這塊地從第五十九大街一直延伸至第七十二大街，每次沿著西區高速公路開車時，他都夢想可以在這塊土地上建造什麼。

川普相信，用低價買下一塊好地皮在任何時候都不會有什麼損失。

那時，西區的許多地方都被認爲太危險，不適合居住。每條小街道上都有慈善機構辦的旅店，每個公園裡都有毒品販子。當時，《紐約時報》還刊登過長篇連載文章，描述西區中央公園和哥倫比亞大道與第八十四大街之間的混亂局面。

即使這樣，川普依然對自己的決定堅信不疑，他相信一切都可以輕而易舉地改變，即使在像西八十四街這種混亂的小巷裡，離中央公園幾步之隔，也有用褐色石塊蓋的典雅而古老的樓房口在大道兩旁，特別是中央公園西部和河濱車道旁，坐落著美麗而古老的樓房，樓房裡有寬暢的公寓和迷人的窗景，人們發現它們的價值只不過是時間問題。

強大的談判能力

一九七三年夏天的一天，川普在報紙上讀到一篇關於賓州中央鐵路公司的報導，這家公司被列在一長串的破產企業名單之中。

這篇報導特別註明，賓州鐵路公司股東們已委託由維克多．帕爾米里領導的公司出售鐵路的固定資產，這些固定資產包括西六十街和西三十街的那些廢棄的停車場。根據維克多與賓州中央鐵路公司達成的協議，他的公司每找到一塊固定資產的買家，他便從銷售額中抽取百分之一傭金。

川普從未聽過維克多．帕爾米里，但他馬上意識到無論如何都要認識這個人。於是，他打電話找到帕爾米里的代表，對他說：「喂，我叫唐納．川普，我想買六十街區那塊地。」

川普一直認爲，最簡單的方式往往是最有效的方式。

川普認爲，人們喜歡他的坦率和認眞。儘管他那時什麼工程也沒幹過，但他勇於去做那些比他條件好的人連想都不願想的事情。

川普去見了維克多，兩人一開始就建立起很好的關係。維克多爲人平和，很有吸引力，是一個看起來像上層人物的義大利人。兩個人在交談中，川普告訴他六十街區是個多麼糟的地方。

維克多點頭表示同意，認爲這個地方的確很糟糕。

川普繼承了他父親的談判的才能，佛瑞德曾經告訴他：「如果你要買件東西，最好是先說服賣主，他們的貨色並不值多少錢。」

川普就是這樣做的，直截了當地告訴維克多：「你這塊地根本不值錢。」

他告訴對方的第二件事是，要爲這樣一大片未開發的土地爭取政府的各種批文將會多麼不容易。他說地區委員會強烈反對任何開發，同時與都市計劃委員會、預算委員會打交道將會無止無休。

接下來，川普做了第三件事，也可能是最重要的事，便是向維克多・帕爾米里推銷他自己。他沒有什麼經驗或成績值得誇耀，他告訴維克多他有的是極大的幹勁和很認眞的態度。

維克多喜歡拿人打賭，決定拿川普碰碰運氣。他最後建議川普不僅開發六十街區，同時也開發三十四街區。

川普這時候意識到，他可能把自己吹得有點高了，讓維克多對他的能力產生錯誤的判斷，這可不是什麼好兆頭。

但他沒有其他選擇，那時他二十七歲，從來沒有在曼哈頓建造過任何東西，他的父親也沒有過。

雖然維克多很喜歡川普，但如果他不相信川普的公司很大，很有實力，他是不會選擇川普的。但只有川普自己心知肚明，在他和維克多碰面時，他的公司還沒有正式的名稱，便姑且稱之「川普組織」。

「川普組織」這個名詞使他的公司聽起來似乎很大，幾乎沒有人知道川普組織是在布魯克林區的幾間小辦公室裡活動的。

川普的個人包裝

很多人把成功歸結於運氣，其實運氣從來不會降臨到那些像無頭蒼蠅一樣四處碰壁的人頭上。沒有人是天生的幸運兒，所謂的運氣，從來都屬於那些有理想、勇於追求、有上進心的人。只有擁有了這樣素質，一個人才會最大可能地發揮自己的潛力。沒有運氣，也要創造運氣！這是對川普的成功最好的詮釋。

川普給自己做的另一項個人包裝是，他與政治家的關係，例如像亞伯拉罕．比姆，他剛剛在一九七三年十一月當選爲紐約市市長。川普的父親佛瑞德與比姆都參加民主俱樂部，也相互認識。像所有房地產開發商一樣，川普的父親也捐過錢給比姆和其他政治人物們。

其實，對一個紐約的開發商來說，向政治家捐錢是很普通很正常的做法，但川普很會利用這一點做文章。

在比姆的四年任期內，川普為了爭取把西三十四街區作為會議中心，花費了很多時間。這是當時紐約最好的地段，最後，他把紐約所有有名望的商人都爭取過來。但是，比姆從未公開對這一地段表示過支持意見，也沒有正式批准這個專案。

最後，選擇川普的地段作為會議中心的，是一九七八年當選的新任市長埃德．科克。雖然，沒有人認為唐納．川普和埃德．科克是親密的朋友，但他們之間的關係比傳說中好得多。

由於川普一開始與維克多建立了良好的關係，兩人展開了更長久的合作，而不是單純的買家與賣家。

事情的發展簡單得讓川普無法相信。

例如，根據他們簽定的協定，在獲得開工批文，和負責賓州中央鐵路公司破產案的法院的同意前，川普不需投任何費用，但具有獨家購買六十街和三十四街區車場地段的權利。賓州中央鐵路公司甚至同意付給他土地開發費。

這簡直令人不可思議，賣家竟然向買家付費！但是當時的情況是，在那種沒人想建造任何東西，整個城市正走向死亡的年代，在今天聽起來是筆很愚蠢的生意，實際上有一定的意義。

與此同時，維克多還積極地幫川普在媒體界樹立信譽。當記者們問他，爲什麼選擇了川普而不是其他人時，他回答說：「這些土地是蘊藏著巨大危險的黑洞。我們與所有對這些土地感興趣的人都談過話，誰也沒有表現出足夠的幹勁、實力和想像力。直到這位年輕人的到來，他簡直是一位拯救者，他超越了現實生活。」

有一次，正當川普向媒體鼓吹他的計劃，但實際上毫無進展時，一個紐約的房地產商人告訴他的一位好朋友：「川普說了一大堆廢話，但是磚頭和灰漿在哪兒呢？」川普聽到這話後感到很生氣，與這傢伙至少一年多沒說過話。但他知道，這傢伙說的是對的，所有這一切都可能是一場過眼雲煙。如果他沒有成功地實現第一期工程中的一個專案，就不會有後來的一切。沒有人知道，他在完成第一期工程項目時克服了多少困難。

事情的發展就是這樣，沒有努力就沒有收穫。如果川普沒有說服市政府選擇他的西三十四街區作爲會議中心，然後開發康莫多爾飯店工程，他很可能又灰頭土臉回到布魯克林區收房租去了。

正因爲在第一個項目上所做的努力，才有了後來的成就。

怎樣和政府打交道

一九七四年七月二十九日，川普對外宣佈，他的川普組織已經取得了賓州中央鐵路公司的兩塊河濱土地的購買權，即西五十九街至西七十二街和西三十四街至西三十九街，價格爲六二〇〇萬美元，在沒有任何預付款的情況下。《紐約時報》用頭版報導了這件事。

川普最初的想法是在這些地方蓋中價位樓房，然後以今天看來便宜得幾乎可笑的價格出租，每套一一〇美元到一二五美元，但這在當時已經有點高了。他計劃從市政府鼓勵政策計劃中爭取資金。

在宣佈的前一月，川普和維克多與市長亞伯拉罕·比姆見面，向他彙報他們的開發計劃。

雖然比姆口頭上表示鼓勵，但自從川普公開計劃後，在市政府各部門包括都市計劃委員會、預算委員會和當地居民委員會表態之前，他一直拒絕表明立場。川普知道，比姆是個政客，沒看清風向之前，是不會站到任何人一邊的。

川普是一個愛爭強好勝的人，在法律允許的情況下會不惜一切手段爭取勝利。

諷刺的是，在川普打敗競爭對手並宣佈對這塊地的開發計劃後的不到一年裡，紐約市的經濟狀況急劇惡化。

一九七五年二月，紐約市政府成立的城市發展公司延期兌現一億多美元債券。一九七五年九月，政府宣佈在今後五年內暫停對中低價位房屋的資助，包括一大批已獲初步批准的城市建築項目。

那一陣子，整個美國都籠罩在財政危機的陰影下，每天早晨起床後，都會看到紐約市政府財政岌岌可危的頭條新聞。但這些壞消息都沒有使川普對城市的未來產生畏懼。當事情已經明朗，不可能獲得建房補貼時，他決定嘗試一種新的策略。

川普一直在考慮，西三十四街區的那塊地是建造會議中心的理想地方。問題是幾乎每個人都有自己的想法，市政府在許多著名的當地商人的支持下，已經花了三年時間考察研究第四十四街區沿哈得孫河的另一塊地皮作爲會議中心用地。僅規劃十一項，市政府承認，已用去一千三百萬美元。

就在市政府表示將不再資助新建專案的幾個星期前，市長亞伯拉罕·比姆宣佈市政府對第四十四街區的發展項目也停止一切支出。

爲了應付這個特殊情況，川普立即雇用了一位很有才能的，專門處理開發區案子的律師沙米爾·林登鮑姆。在川普雇他之前，他一直負責第四十四街區的開發工作。爲了協助會議中心專案，川普還雇用了很有奉獻精神的路易絲·格姍。她具有特殊的政治關係，後來成爲川普公司的一位高級主管。

然而，正當川普組織一支隊伍爲他的地皮大做宣傳的同時，紐約市政府和聯邦政府仍在策劃他們的方案，就是將會議中心放在曼哈頓西部與世貿中心相對的巴特利公園城。川普認爲，不管是西四十四街，或者巴特利公園城都不是明智的選擇。他的地皮才是好的選擇，他想在公衆面前發起一次戰鬥。

但那時，川普還是個無名小卒，想讓他的地皮引起別人注意並取得支持，就必須先塑造自己的形象。

一個大膽的想法，逐漸在川普心裡冒了出來。

提升自己的知名度

爲了提高自己的知名度，川普決定召開他的第一次記者招待會。路易絲和一位紐約公共關係經理羅賓斯坦，一起幫助他取得幾位有權勢的人物支持，包括聯邦政府參議院多數黨領袖曼菲爾德．奧林斯坦，和在紐約政界極有勢力的勞工談判代表特奧多爾．卡爾。

奧林斯坦在記者招待會上講了一句話：「把新的會議中心建在巴特利公園，就像把一座俱樂部建在墓地裡一樣。」

在這次記者招待會上，川普讓人拉起了一幅巨大的橫幅，上面寫道：「讓第三十四街區創造奇蹟！」他在成群的記者面前宣佈，他可以用一．一億美元或不到一．五億美元建造會議中心，比市政府對第四十四街區的預算要少很多。

這次記者招待會使人們對川普刮目相看，甚至媒體也開始注意他。但是，政治人物卻很少人表態贊同。他第一次發現，政治人物對花多少錢並不感興趣，畢竟這不是他們的錢。

川普在宣傳他的地皮的過程中，不管到哪兒，指出的第一點總是建造一座會議中心是多麼重要。但許多人卻潑冷水說，考慮到紐約市的財政危機，最好的解決辦法是乾脆甩掉這個想法。

在川普看來，這只不過是古板又短視的心態在作怪。例如，在銷售額下降時，大多數公司都要削減廣告開支，但是，在民眾不買你的產品時，才是你最需要廣告的時候。川普基本上是基於這種觀點來談會議中心問題的：建造一個會議中心是重振紐約雄風的關鍵，最終會使經濟步人正軌。

對每一個願意聽他講話的人，川普都反覆強調他的地皮是多麼好，而另外兩塊地皮是多麼糟糕。他說在第四十四街區，會議中心不得不建在水面平台上，這將加大成本、增加問題，耽誤時間。

川普說第四十四街區地域狹窄，沒有擴展餘地，同時，由於要是將會議中心修在水面上，就不得不穿過搖搖欲墜的西區高速公路才能到達那裡。最後，他打出一張王牌，指出在第四十四街區建造任何建築都需要「非通航許可證」。

他很快就成為非通航許可證的專家。這是在某些水路上修建建築物所需要的聯邦政府批准書，而要得到批准書，則需要眾議院頒佈法令。

對巴特利公園地段，川普也同樣不留情面。這塊地在紐約市南端，地點更讓人啼笑皆非。他指出這塊地離城市中心多麼遠，離飯店和娛樂場所也很遠，公共交通很不方便。他還援引了一項政府調查報告，指出在巴特利公園城修建會議中心，需要重建西區高速公路，並且增建新的飯店客房。

最重要的是，川普談到他在西三十四街區的地皮是多麼好。這塊地緊靠高速公路的東邊，交通十分便利，又比另兩塊地更靠近地鐵和公共汽車站。他強調在他的地皮上建造會議中心更便宜，因為住戶不需要搬遷。同時，他的地皮如此之大，將來擴建的餘地也很大。

當市議員羅伯特．瓦格納帶領著一個研究生班進行了一次調查，並把他的地點列為最佳時，川普馬上命名它為「瓦格納報告」。

不久之後，除了少數絕對關鍵的人士支持外，川普已做好了一切準備。埃伯．比姆列在這份名單的首位，在他放棄西四十四街區後，便轉而支持巴特利公園城。而且，不管川普列舉了他的地皮有多少優點，比姆列都不動心。

另一個主要對手是市長亞伯拉罕．比姆手下的一位副市長約翰．茹科蒂。他開始到處散佈關於川普地皮的壞話。川普猜測，他這樣做的原因，大概是不願意承認他在一塊毫無意義的地皮上浪費了幾年的生命和數百萬美元公帑。

川普在公衆場合上，把他的猜測公諸於衆，譴責副市長自私自利、心胸狹隘，氣得副市長惱羞成怒。這場戰鬥引起了新聞界的關注，川普認爲這對他的地皮是有利的，也是宣傳他的地皮的另一種有效方法。

川普從未放鬆努力，反對派慢慢開始瓦解。最後，川普擊敗了所有對手取得了勝利。一九七七年，亞伯拉罕．比姆任命了一個委員會研究這幾塊地皮，這個委員會做出結論，川普的確具有最好的地皮。在這個基礎上，比姆終於在年終離任的前夕，向川普表示支持，雖然並沒有簽署任何檔。

一九七八年一月，埃德．科克當選市長，並決定做自己的研究規劃。川普不禁心想，這下又得從頭做起了。幸好事情並沒有他想的那麼糟糕，他的地皮又一次領先。最後，在一九七八年四月，紐約市政府和聯邦政府宣佈買下第三十四街區，並在那裡建造會議中心。

這對川普來說是一個勝利，儘管更多的是聲譽上揚而不是經濟上的勝利。川普的利潤與他投入的時間、付出的心血相差甚遠。

在川普與賓州中央鐵路公司的買賣達成協議後，除市政府與賓州中央鐵路公司談妥的一千二百萬美元地價外，他得到八十三．三萬美元作爲補償。最後，他提出如果市政府同意用川普家的姓氏命名會議中心，他將放棄全部收入。這項提議自然沒有成眞，但爲了做這筆生意，川普費盡了一切努力，如果沒有他鍥而不捨的努力，紐約是不會有一個新的會議中心的。

有意思的是，雖然川普在第三十四街區耗費了如此多的時間和精力，但與開發第六十街區相比，這些努力顯得微不足道。

開發第六十街區比宣傳第三十四街區更加困難，當地居民的反對更強烈，規劃更複雜，銀行對在一個瀕臨破產邊緣的城市裡修建住宅區的項目極爲謹慎。一九七九年，川普很不情願地放棄對第六十街區的開發權，以便全力做其他見效更快的項目。這樁生意，恰好又和維克多．帕爾米里及賓州中央鐵路有關——購買康莫多爾飯店。

6

Chapter

康莫多爾飯店

川普決心把飯店大廳變得與眾不同，使它成為民眾願意光顧的地方。如果他保持了康莫多爾陳舊、枯燥、毫無特色的原樣，將不會引起人們的任何興趣，也不會使飯店達到今天的經營水準。

拿下康莫多爾飯店

正當川普不斷爲西區那兩塊土地努力的同時，和帕爾米里的關係越來越密切。一九七四年下半年的某天，川普來到帕爾米里的辦公室，對他半開玩笑地說：「喂，現在我已經有這兩塊地的優先購買權了，賓州中央鐵路還有什麼其他的地方我可以不花錢就買下來呢？」

「他們還有幾家你可能感興趣的飯店。」帕爾米里說。

原來，賓州中央鐵路公司在紐約市中心擁有幾間飯店，彼此相隔幾條街，有巴爾的摩飯店、巴德飯店、羅斯飯店和康莫多爾飯店。前面三家飯店經營還算成功，這意味著買下它們將要花費很多錢。唯一眞正經營不善的是康莫多爾飯店，幾年來，這家飯店一直在虧損並拖欠稅款。

這無疑是帕爾米里提供的最好資訊，川普很快便判斷出位於紐約市中心四十二大街和派克大道，毗鄰中央車站的康莫多爾飯店從發展的角度看，具有這四座飯店中最爲優越的地理位置。

得到訊息的當天早上，川普就步行去看看康莫多爾飯店的情景。這家飯店和周圍建築破舊不堪的程度令川普大爲吃驚。飯店的外牆極爲骯髒，大廳髒亂得像個貧民旅館。一樓有個廉價市場，大廳又黑又暗，兩側排著一些破舊的櫃檯。

這眞是令人沮喪的景象。但是，當川普走近這家飯店時，眼前奇特的情景吸引了他。當時大概是上午九時，上千名穿著考究，來自康乃狄克州和威斯特郡之間的乘客從地鐵車站湧出來。

紐約市當時正處於破產的邊緣，但川普看到的卻是一塊風水寶地。成千上萬的有錢人、中產階級每天都將從這裡經過，除非這個城市眞的死去。

川普馬上意識到，問題在於飯店而不在於環境。如果他能夠改變康莫多爾飯店周遭的狀況，肯定能引起轟動，僅地利就可保證它成功。

川普考察完回去後，告訴帕爾米里對買下康莫多爾飯店感興趣。帕爾米里很高興，因爲所有人都認爲這家飯店是個賠錢貨，如果川普願意接受，那眞是好極了。與此同時，川普也找到他的父親，告訴他自己打算買下這家位於市中心的飯店。一開始，佛瑞德不相信這是眞的，經川普說明想法，終於表示支持兒子。

很久以後，老川普才說對兒子說出他的眞實想法，他說那時他的第一個反應是：「在這種甚至克萊斯勒大廈都有可能被銀行沒收的時候，購買康莫多爾飯店無異於在鐵達尼號上搶座位。」不過，既然兒子願意冒險，那就讓他去幹好了。

川普並不天眞，他看到潛在的成功，也看到了可能的失敗，他可以擊出一記漂亮的全壘打，也可能慘遭三振。

從爲康莫多爾專案工作的第一天起，他就努力把風險降到最低，就財務方面來說，他成功了。但是，時間一天天地過去，事情變得越來越複雜和困難，他不斷投入更多的精力。

隨著風險不斷出現，川普的壓力越來越大。他可以事先說些大話，但必須拿出實際成果來，向房地產界，向媒體，向他的父親證明他能夠實現他的預言。

川普終於發現，康莫多爾飯店是個很棘手的項目，比他原先想像艱難得多。首先，他得要讓維克多．帕爾米里相信，他是這家飯店最好的買家。同時，他得在做這筆生意前說服一家有經驗的飯店企業和他合作，只有這樣他才能獲得更多的信用，讓銀行慷慨解囊。

此外，他還得盡力說服市政府官員們，讓他們相信為了市政府和市民的利益，應該給他一個史無前例的稅收優惠待遇。他知道，在銀行對條件很好的項目都不願借錢的時候，這種優惠能使他理直氣壯地向銀行證實貸款給這家飯店是值得的。

想明白這些環節，川普心裡已經知道該怎麼做了。

有意思的是，紐約市對經濟情勢的絕望成了他最大的武器。對維克多．帕爾米里，他可以說：對於一家處在快破產的城市和腐臭環境中的賠錢飯店，他是唯一考慮買下它的人。對銀行，他可以指出他們有義務資助新的發展專案，幫助紐約市重新站立起來。對政府官員們，他不遺餘力地遊說，大幅度地削減稅收的回報是，他可以創造上千個新的建築和服務的就業機會，以挽救周圍的環境，並且最終將和市政府分享飯店的利潤。

一九七四年秋末，他開始和帕爾米里認真地討論這筆生意。八、九個月前，賓州中央鐵路公司對改造康莫多爾飯店投了二百萬美元，這相當於為一輛剛剛發生慘重車禍的汽車打一層蠟。即使改造後，賓州中央鐵路公司仍嚴重虧損，這還不包括飯店已拖欠的六百萬稅款，康莫多爾飯店簡直是一個可怕的金錢黑洞。

在很短的時間內，他們擬定了這筆生意的基本契約。簡單地說，川普有權以一千兩百萬美元的價格買下這家飯店，條件是他能獲得稅收的優惠、銀行貸款和一個飯店公司合夥人。

換句話說，在川普購買它之前，要先完成所有其他步驟。同時，他要付二十五萬美元訂金以獲得獨家購買權，這筆錢是不可退回的。

問題是，對這種效益遙遙無期的生意，就算是二十五萬美元，川普也不想付。一九七四年時，二十五萬美元對他來說是一個很大的數目，於是他儘量拖延時間。合約寫完後，川普要他的律師找出許多小的法律問題爭論不休。趁著這段緩衝時間，他開始努力完成這筆生意的其他工作。

首先需要的是一個不同凡響的設計，一個使人感到激越的設計。川普約了一個叫德爾．斯科特的年輕設計家，在馬克賽梅樹餐廳見了面。見面後，他馬上就喜歡上了德爾的熱情。當他講了自己的想法後，德爾馬上在一張菜單上開始畫草圖。

川普告訴德爾，關鍵在於要創造一種看起來全新的建築，他相信康莫多爾飯店衰敗的原因，一半是由於它看上去是那麼沉悶老舊，那麼幽暗骯髒。從一開始，他就想在它磚牆的外面，直接建一層新的皮膚——青銅，如果經費過高就用玻璃。他想要光亮的、現代的外觀，把它改造成令人激動的建築，使人能停下來注意到它的效果。很明顯，德爾懂他的意思，很快給出令川普滿意的建議。

川普很喜歡這一點，於是雇用了德爾，付錢讓他畫出設計圖，以便向市政府和銀行做介紹。他告訴德爾，要讓人感到他們的設計花了很大的本錢和精力，一次好的介紹，意義是十分深遠的。

一九七五年，德爾差不多完成了設計圖。然而，到了四月中的一天傍晚，德爾來電話說他被公司解雇了。

德爾原本在一家名叫康．傑克斯工程建築公司任職，他不想放棄川普的項目，但他以個人的能力無法承接這麼大的項目。川普告訴他：「你需要借助一家大公司的實力和名望，來完成這種大規模的工程。」

德爾承諾說，他會找到的。

川普以爲德爾得花上一段時間才能找到一家新的公司，但他很快就在一家叫德律森夥伴的公司入夥，這樣一來他可以利用這種方式爭取最大優勢。康．傑克斯公司拚命想抓住這項工程，德爾當然也想得到這個機會。這種競爭給了川普一次壓低設計費的機會，他也確實做到了這點。

最後，川普還是把這項工作交給了德爾，付給他的錢很少，但川普告訴他做這件工作早晚會賺大錢的。

「這將成爲一項跨時代的工程，」川普這麼說：「這會使你成爲工程設計的一顆明星。」

德爾雖然對設計費用不太滿意，但不得不承認川普的預言是正確的，建造這家飯店以及後來的川普大廈，對他的發展影響非常有益。

尋找管理團隊

一九七五年上半年，川普開始為康莫多爾飯店尋找一家專業管理企業。其實，對飯店生意他一無所知，自從接手康莫多爾以後，才學到了很多相關常識，幾年之後，他已能夠遊刃有餘管理自己的飯店了。

但在那時，年僅二十七歲的川普，幾乎還沒有在飯店裡睡過一覺，對於如何管理這麼大一個飯店顯得束手無措。然而，他願意能買下這座龐大的飯店而賣力奮鬥，一百五十萬平方英尺，一千四百個房間，在紐約修建希爾頓飯店之前，它一直是全市最大的飯店。

很顯然，川普需要一家有經驗的管理公司。

川普很快列出了名單，把所有優秀的管理公司都列在一張紙上。凱悅公司一直排在名單的首位，希爾頓公司似乎有些陳舊，喜來登公司出於同個原因也引不起他的興趣，假日飯店和拉馬達公司的級別不夠。

川普喜歡凱悅公司的形象，他們的飯店有著現代化的外觀，乾淨而明亮，這正是他對康莫多爾飯店的設想。另外，凱悅公司很能吸引各種會議，對這座地處中央車站的飯店來說，無疑是一項重大利多。

川普喜歡凱悅的另一個原因，是與他們合作，他可以充分發揮自己的優勢。希爾頓和喜來登在紐約已經有了自己的飯店，並不急於建立新的飯店，特別是在這個城市處於崩潰邊緣的時候。凱悅則恰恰相反，它在其他城市非常成功，但在紐約市還沒有建立起大本營，儘管經營階級很想這樣做。

一九七四年下半年，川普給凱悅公司總裁雨果．富蘭德打了電話，雙方在電話裡約定見面詳談。

兩人見面的時候，川普對富蘭德並沒有什麼好感。不過，當時凱悅公司確實想在紐約建立大本營，於是雙方開始談康莫多爾飯店的合夥問題。很快，雙方達成了初步協定，並且附帶了許多條件。

對於這麼順利地完成了這次談判，川普感到很高興也很自豪。然而，還沒等他的高興勁頭過去，兩天之後，川普突然接到富蘭德的電話。在電話裡，富藍德說：「對不起，我們不能以這種方式合作。」

在美國的生意場上，這是常見的情況，雙方常常談妥了新的條款握手而去，沒過幾天，達成的協議卻不翼而飛，變成一紙空文。

川普一時間不知道該怎麼辦，這時他建立了人脈發揮作用，一位與他關係不錯的凱悅公司高級管理幹部打來電話。在電話裡，那位朋友對川普說：「我給你提個建議吧，我認爲你應該給傑伊．普里茲克打電話，與他直接談。」

當時，川普幾乎沒聽說過傑伊．普里茲克，他那時實在是太年輕了，在生意場上的閱歷還太淺。他只是模模糊糊地知道，普里茲克家族掌握的股份足以控制凱悅公司，除此之外一無所知。

那位凱悅的高級管理幹部告訴他，傑伊．普里茲克才是眞正掌握凱悅命運的人。突然間，彷彿醍醐灌頂一般，川普明白了他的生意爲什麼總是半途而廢，如果想做成某筆生意的話，就得找到最高決策人。

其實，這不過是個簡單的道理，每一個在最高決策人手下幹活的人，只不過是雇員。雇員不會爲你的生意賣命，他們努力爭取的是增加工資或者分紅，最不願做的就是得罪老闆。所以，他們不會對你說實話。

雨果．富蘭德就是這樣的人。當著你的面，他表現得十分認眞，但面對老闆，他會說：「嘿，有個從紐約來的叫川普的傢伙想做這麼一筆買賣，這是所有的建議和計劃，您準備怎麼處理？」

如果老闆碰巧喜歡你的主意，他就會支持你；如果老闆不喜歡，他就會說：「是啊，這確實不是個好生意，我完全同意，我早就想把實情告訴你。」

不久，川普給傑伊．普里茲克打了電話。對方好像很高興接到他的電話，還主動約川普見面談談。凱悅公司的基地在芝加哥，恰巧傑伊．普里茲克要來紐約，於是兩人約定在紐約見面談。

川普突然想到一個問題，問普里茲克：「我是否能到機場接你？」

得到對方肯定的答覆後，川普又犯難了。

那時他還沒有高級轎車，只能用自己的汽車接他。不巧的是，那天天氣很熱，川普的汽車裡又悶又熱，很不舒服。川普以爲這會使對方不高興，不過普里茲克並沒有表現出什麼來。

川普馬上意識到，普里茲克和自己一樣，在做生意時是十分專注的，這些小事對他並不重要。

傑伊．普里茲克並不是個很好打交道的人，當他空閒時，可能很風趣，但多數情況下他十分嚴厲、敏銳，而且總是想把風險減到最小。幸運的是，川普對這一切應付自如，兩人商談過程十分順利。

普里茲克的另一個特點是，他在生意中對誰都不太相信。這恰好也是川普的特點，於是在他們合作的過程中，雖然互相尊重，但彼此十分提防。

雙方經過磋商，不久達成協議，同意平等合作。川普負責裝修這家飯店，然後由凱悅公司管理。除了達成初步協議外，更重要的是，從那時起，一旦出現困難，川普就可以直接找普里茲克本人交涉。

後來，他們雖然存在著分歧，但合作的關係十分牢固，因爲普里茲克和川普可以直接對話。

怎樣從銀行拿到貸款

一九七五年五月四日，川普和普里茲克聯合舉行了一次新聞發佈會，宣佈他們作爲合作夥伴，同意在他們能夠找到貸款和得到減稅優惠的條件下，購買康莫多爾飯店，並拆掉內部所有設施重新裝修。

宣佈與凱悅公司合作，加上德爾的設計草圖和建築費用概算，川普終於有了跟銀行交涉的資本了。那時，他已經雇用了有貸款專業技能的房地產經紀人亨利·博斯，兩人一起開始走訪銀行。

亨利·博斯是個了不起的傢伙，已近七十歲，但精力超過多數二十歲的年青人。他爲這個項目尋求資金進行鍥而不捨的努力，他的精神以及他的年齡幫了忙。

川普和他一起去拜訪那些極爲保守的銀行家，那些人大都從未聽說過唐納·川普這個名字。雖然在很多方面，川普比亨利更保守，也更懂得規避風險，但是這些銀行家看到這位滿頭白髮的老先生就更感放心了，銀行家們總是覺得年歲大的人辦事比較穩妥。

他們對付銀行，與川普第一次遇見維克多．帕爾米里所採用的策略十分相似。亨利．博斯大談川普組織多麼偉大，以及他取得什麼好成績。他特別強調川普組織的工程總是按時按照預算完成，因爲他知道銀行最怕的就是超支，僅這一點就可能毀掉一筆好的貸款。

他們給銀行家們展示了巨大的、閃閃發光的飯店設計圖和模型，大談這個項目將怎樣改變周圍的環境，將會創造多少個就業機會。此外，他們也不忘談論凱悅公司是多麼專業，多麼經驗豐富。

接下來，談到他們希望從市政府得到稅收優惠待遇，這點是最能引起銀行家興趣的關鍵。但現實的狀況是，在他們得到貸款之前，市政府不會認眞討論減稅，而沒有減稅待遇，銀行對提供貸款不會感興趣。

最後，川普和亨利．博斯商量之後，決定採取新的策略。他們試圖刺激銀行家們的內疚感和義務感，於是說道：「各位先生，你們對紐約負有責任。這座城市正遇到麻煩，但它仍然是一個偉大的城市，而且它是我們的城市。如果你們對它沒有信心，不爲它投資，又怎麼能期待它起死回生呢？你們可以借給第三世界國家和郊區購物中心成千上萬的美元，難道你們對自己的城市不該盡點義務嗎？」

然而川普發現，不管說什麼，用什麼辦法好像都不管用，銀行家們始終無動於衷，似乎任何話都無法打動他們。

有一次，他發現一家銀行好像準備說同意，但是到了最後一刻，一個負責的傢伙提出了一些無關緊要的技術問題，結果毀掉了整個生意。川普不屑地稱這種人叫制度化的機器人。

川普說，這種人毫無情感，對他們來說，工作就是純粹的工作，他們最想做的是五點鐘下班回家，忘掉所有這一切。相形之下，與一個獨斷專行但充滿激情的人打交道要容易得多。專斷獨行的人拒絕你，有時還可以勸說他回心轉意。但是，如果一部機器說不行，那就麻煩了。

川普向這位機器人先生擺出了所有的理由，聽完之後，他既沒有讓步，也沒有動搖，只是很緩慢很堅定地說：「我的答覆是不行，唐納，不行，不行，不行！」

經過這次打擊後，川普無可奈何地對亨利．博斯說：「放棄這筆生意吧。」

但老亨利拒絕就此罷休，和他的律師施萊格一起給川普打氣，於是，他們又繼續努力下去。

後來，事態越來越清楚，川普是否能獲得貸款的唯一途徑，就取決於市政府能否給他減稅的待遇。

弄清楚這一點，川普把希望寄託在一項叫商業投資獎勵的計劃上。這是紐約市政府一九七五年初通過的一項計劃，旨在市場景況不好的情況下，向房地產商提供減稅待遇以鼓勵商業發展。

一九七五年中旬，川普決定與市政府接觸，雖然他還沒有找到資金，這在多數人看來是有點可笑的事。不僅如此，他還進一步要求即使經營狀況不佳，減稅的幅度也應該足以使他獲利，這點看起來簡直近乎於狂妄。

有意思的是，這像一次高額賭注的撲克牌遊戲，雙方的牌都不太好，只能虛張聲勢。在當時的情況下，如果川普想保持自己的信譽的話，就不能從這筆生意中抽腿。

一九七五年十月，川普首次向市政府直接呈交他的方案。在這份方案裡，他進一步闡述了當前的狀況：康莫多爾飯店正在賠錢並且仍在急驟惡化，中央車站的周圍正在變爲貧民窟。凱悅連鎖飯店已準備進軍紐約，但是，除非市政府在不動產稅收方面鬆綁，否則他們是不可能投入鉅額資金修建一個新飯店的。

市政府的經濟發展委員同意制定一項計劃，合作開發這個專案。市政府將給川普為期四十年的不動產減稅待遇，川普則將每年付給市政府一筆款項作爲回報，同時與市政府分享飯店所得的任何利潤。

不得不說，這個計劃的結構相當複雜。首先，川普以一千兩百萬美元從賓州中央鐵路公司手中把康莫多爾飯店買下來，其中六百萬美元將立即交給市政府還清拖欠的稅款。然後，他將把飯店賣給市政府，市政府再把飯店反過來租給他，租期九十九年。川普的租金代替所有的不動產稅金，從開始每年二十五美元直到第四十年漲至二七〇萬美元。同時，他還與市政府分享利潤的一個百分比。最後，他將按照他們成交時對飯店的估價交付足額的稅款。

一九七六年初，預算委員會決定修改減稅結構。根據這項修改，川普將不再把飯店賣給市政府，然後再將它租回，而是將通過城市開發總公司完成這個專案。這項修改對川普十分有利。

城市開發總公司具有土地徵收權，能夠迅速而有效地完成居民搬遷工作，而一家私營地產公司則需花數個月甚至數年的時間來完成這項工作。

然而事情的發展並沒有那麼順利，到了四月份，預算委員會仍然沒有考慮通過川普的減稅申請，反對這項申請的呼聲反倒越來越高。最激烈的反對聲音，來自於其他的飯店業主們。

紐約飯店協會會長阿爾伯特·弗米克拉批評說，對川普實行減稅，將形成他與紐約市其他納全稅的飯店業主們的不公平競爭。希爾頓飯店的阿爾馮斯·薩爾蒙斯說，他可以理解一項爲期十年的減稅，但是，每個人都應該在公平合理的基礎上與他人競爭。甚至在商業經營上更爲成功，而較少嫉妒心的哈里·赫爾姆斯勒也說，他認爲這筆生意有些過分了。

就在預算委員會投標表決前，三名市議員在康莫多爾飯店前舉行了一次新聞發佈會，集體譴責這筆買賣。因爲這幫政客們發現，這是個可以吸引選民和新聞界的題目，當然要跳上樂隊花車表演一番了。

川普擔心出現越來越多的反對派，但在公開場合，他採取了針鋒相對、寸步不讓的態度，當一名記者事後問他爲什麼得到了四十年的減稅，他回答道：「因爲我沒有要求五十年。」

當其他飯店主對他吹毛求疵、百般抨擊時，卻沒有一家能對康莫多爾專案提出其他方案。大多數人認爲，川普已對這項專案擁有獨家選擇權，市政府對此未提出異議無疑幫了大忙。

幾個月以前，一位市政府官員要求川普把他與賓州中央鐵路公司的協議寄給他，他照做了。但協議上只有川普而沒有鐵路公司方面的簽名，因爲他還沒付二十五萬美元的訂金。當時誰也沒注意這點，直到一名記者準備寫一篇相關報導而向市政府要求看協議原文時，才發現這個問題。

在市政府準備對川普的計劃做第三次表決前的兩個星期，一項新的方案終於被提了出來。這個方案是由一家很糟糕的飯店提出的，方案上說，他們將購買康莫多爾飯店，投入幾百萬美元做裝修，與市政府分享全部利潤。因爲這是一項由信譽有問題的公司提出的不成熟方案，反倒幫助了川普。

這家三流飯店集團提出的次等裝修方案，爲川普在康莫多爾專案的最後爭奪做了關鍵性的反襯。

最終，決定性的表態來自於維克多．帕爾米里和賓州鐵路，畢竟，誰也不願看到康莫多爾倒閉關門。

五月十二日，帕爾米里宣佈康莫多爾在六天內將永久性地關閉，這天正是預算委員會對川普的減稅方案第四次開會表決的前一天。反對派立即指稱這項宣佈是一個施加壓力的伎倆。但是事實上，賓州鐵路早在六個月前就透露，計劃在夏季關閉這家飯店。這時，康莫多爾的住房率已經從去年的四十六%降至三十三%，虧損預計為四六〇萬美元。

五月十九日，所有的地方報紙都登載了最後一批房客撤出康莫多爾飯店和上百名雇員擁向其他飯店尋找工作，引起當地商店恐慌的消息。

這樣的局面對川普十分有利。五月二十日，預算委員會投票表決，以八：〇的票數，一致同意川普的全部減稅方案。在後來的四十年當中，減稅將為川普節省數千萬美元，這眞是一場事半功倍的戰鬥。

柳暗花明又一村

不管川普的反對派們怎麼想，十天後，《紐約時報》的一篇社論對川普的專案做了令他喜出望外的評價。社論說：「這個方案，避免了康莫多爾飯店的倒閉和稅款的拖欠。飯店的倒閉將在這個城市的主要地區之一造成難以想像的創傷和衰敗，其意義遠遠超過稅收上的損失。」

但令人吃驚的是，得到減稅待遇，川普仍然不能說服銀行這項投資計劃是可行的。直到多年以後，川普回顧往事時，幾乎無法相信銀行會懷疑他們的預算，不難說明當時的局勢是多麼糟糕。

一九七四年時，康莫多爾客房的平均價格爲每晚二十·八美元，而且只要住房率達到四十%，飯店即可收支平衡。對於新飯店，川普預計每晚平均房價爲四十八美元，住房率平均爲六十％。這根本不能算是高估的數字，但銀行仍認爲他們太樂觀了。

事實上，當全新的凱悅飯店於一九八〇年九月開張營業時，紐約市景氣已經復甦，每個單人房收費達到一一五美元，平均住房率超過八十％。到一九八七年七月，房價提到一七五美元，平均住房率幾乎是九十％。

經過不斷努力，川普從兩家機構得到了貸款。第一家是公平人壽保險公司，這家機構除了保險業務外，擁有不少不動產。公平人壽保險公司的領導約翰・皮科克同意爲格蘭德・凱悅飯店投資三千五百萬美元，主要因爲他和他的團隊認爲這對紐約有好處。另一家機構是保爾利儲蓄銀行，它是總部恰好設在康莫多爾飯店的對面，同意投資四千五百萬美元。

這家銀行的動機很實際，他們不願看到自己的鄰居去見上帝。

此外，製造商漢威信託也同意提供七千萬美元工程建設貸款。

如果僅僅是裝修一下而不是重建康莫多爾飯店，川普可以節省幾百萬美元。差不多所有的人都反對他爲重建計劃多花錢。從川普宣佈準備將康莫多爾的磚牆外加一層高度反光玻璃的計劃那天起，反對派和環保主義者就怒不可遏地指責川普根本不考慮周圍那些裝飾優雅的石灰石加磚的辦公大樓的傳統式外表。然而，川普認爲，保持那種外觀等於自殺。

事情的變化常常令人大出意外。許多當時仇視他的反對派和保護主義者們，後來都改變觀感。他們發現，川普選擇這種高度反光的玻璃，把四面牆變得像鏡子一樣，當民衆穿過四十二大街或走過派克大道的彎道時，可以看到中央車站、克萊斯勒大廈和其他所有的著名建築的身影。如果沒有這些玻璃牆，一般人可能根本就不留意它們。

另一項具有戲劇效果的因素是新飯店的大廳。紐約市大多數飯店的大廳都讓人感到沉悶無味，川普決心把飯店大廳變得與衆不同，使它成爲民衆願意光顧的地方。他選擇了特殊的褐色大理石作爲地面，美麗的黃銅作扶手和立柱，還建造了一座一七〇英尺長的玻璃餐廳。

這些，都是別家飯店沒做過的。

川普相信，如果他保持了康莫多爾陳舊、枯燥、毫無特色的原樣，將不會引起人們的任何興趣，也不會使飯店達到今天的經營水準。

格蘭德．凱悅飯店於一九八〇年九月開業，從第一天開業就引起轟動。現在，它每年的毛利潤超過三千萬美元。管理這家飯店的工作由凱悅公司負責，川普的主要工作已經結束，但這時候他仍持有五十%的股份，而且他也不是那種能袖手旁觀的人。這種狀況引起了一些問題，由於川普經常派他的主管人員或者他的妻子伊凡娜去察看經營情況，凱悅方面對此不太高興。

一天，川普接到凱悅飯店總公司主管派翠克．弗利打來的電話，對他說：「唐納，我們有個麻煩，飯店的經理快要發瘋了。因爲你的妻子去了以後，看到大廳牆角有灰塵，就叫一名搬運工打掃乾淨，看到看門人的衣服沒熨平，就叫他去熨平。不幸的是，我們這位經理不願讓女人指手劃腳。而且他要管理一千五百名雇員，需要一整套制度，像這樣下去是不行的。」

川普對派翠克說：「我明白你的話，這確實是個問題，但只要我佔有這座大樓的五十%的股份，就不能對存在的問題視而不見。」

派翠克建議他們下周見面談談。川普喜歡並尊重派翠克，也想解決這個問題。

對於派翠克這個商業夥伴，川普認爲他是個非凡的企業家，具有優良的愛爾蘭人品質。派翠克經常視察凱悅在華盛頓或佛羅里達州西棕櫚樹海灘的設施，能記住每個人的名字，能記得他們的家庭，會吻吻大廚師，並告訴搬運工他幹得十分出色，向保安人員和女招待們打招呼。在他掌理之下，每個員工都備受鼓舞。

按照約定的時間，川普見到了派翠克，派翠克一見面說：「我已決定這麼做，我將換掉現在的經理，把最優秀的人放在那裡，他是個東歐人，和你妻子一樣。他十分靈活，他們會相處得很好。這樣，大家都會高興。」

川普表示，對他這個決定非常滿意。

不久，派翠克確實換掉了經理，新經理知道如何解決雙方的矛盾，開始把所有的瑣事都壓在川普夫婦頭上。爲了表示對老闆的尊重，他每星期都要打幾個電話：「唐納，我們希望你批准換掉第十四層樓上的壁紙。」或者：「我們想更換一下餐廳的菜單。」或者：「我們要換掉一批清潔工。」

他還邀請川普和他的妻子伊凡娜參加所有的管理工作會議。這傢伙事無鉅細都要川普表態，最後川普只得不耐煩地說：「行行好，讓我清靜點，以後你愛怎麼幹就怎麼幹，只是不要再打擾我。」

這個新經理是個聰明的傢伙，通過積極、友好、熱情的方式代替對抗，讓川普夫婦不再插手飯店的事。

川普和凱悅的合作相當成功，而且這筆生意中有一個條款，川普認爲，這比他的一半股份更為重要。

這是一種排他條款，根據這個條款，在取得川普同意前，凱悅公司永遠不得在紐約的五個區內建造飯店與格蘭德．凱悅飯店競爭。

事實上，川普在這筆生意開始時，就力爭從傑伊．普里茲克那裡得到這項保證，但他拒絕了。傑伊是個聰明的傢伙，不想在這座世界最大的城市把他連鎖飯店的未來扼殺掉。

就在雙方談判即將完成，準備簽約前，川普與一位銀行家單獨在一起。川普對銀行家說：「這是一項風險很大的巨額投資，為了確實保護投資者的利益，應該堅持一項限制性保證，限制凱悅公司不能夠在幾年後在大街的另一頭再建起一座飯店。」

這位銀行家立即意識到它的含義。

接下來，川普衝進凱悅公司集會的房間，對他們說：「喂，夥計們，我們投入了上千萬美元，這可是一大筆錢，除非凱悅向我們保證不在紐約建造另外的飯店，否則我們是不會投這筆錢的。」

川普這麼做冒著極大的風險，因為整個投資計劃可能因此垮塌，但是他看準了這次機會——傑伊·普里茲克不在場。凱悅公司的代表試圖找到傑伊，但傑伊那時已去了尼泊爾爬山，無法找到人。與此同時，銀行給凱悅公司一個小時時間做出決定，否則這筆交易即告吹。

就在他們在等待的這段時間，川普自己起草了一份合約。這份文件規定，凱悅不能在紐約地區，包括兩個機場修建任何競爭性飯店，只能修建小型的豪華飯店。建造小型飯店，對於格蘭德·凱悅飯店自然會有影響，不過川普認爲這對凱悅方面無論如何是不划算的。

在一小時結束之前，凱悅方面同意在他起草的文件上簽了字。

7

Chapter

川普大廈

川普大廈結合了設計、材料、地點、宣傳，還有運氣、時機，簡直被渲染上了一層層神奇的色彩。川普不單單把川普大廈當作一座漂亮的大廈來推銷，而是把它當做一個城市的指標。

川普大廈的構想

從川普一九七一年搬入曼哈頓的公寓，並開始在街上漫步的那一刻起，使他感到最興奮的就是位於第五十七大街和第五大道的那座十一層的邦威特·泰勒大樓。吸引他的主要原因是它的位置，此外，它還是塊很大的地。

在他看來，把這塊土地連成片，將是紐約市最大的一塊地產，可以在這個主要街區修建一座大型建築。

邦威特公司屬於五〇年代末期創建的捷內斯克公司，這家公司由一個叫W·馬科瑟·傑曼的人開創，迅速發展成爲一家龐大的集團。馬科瑟從一家製鞋廠起家，然後開始購買其他鞋廠，最後打入零售業。

但到了七〇年代中期，馬科瑟和他的兒子佛蘭克林之間爆發了一場大戰，他們兩人都是強人，都有自己的想法，兩人都想要控制權。這場戰鬥十分激烈，最後發展到在一場股東會議上公開對抗。

最後，佛蘭克林成功的把他父親馬科瑟趕下台，獨攬大權。一九七五年，川普去找佛蘭克林，表示自己對邦威特很感興趣。

那時，川普還沒有創下什麼業績，正努力完成格蘭德．凱悅飯店項目。然而，不知爲什麼，佛蘭克林．傑曼還是願意見他。兩人見面之後，川普開門見山地告訴佛蘭克林想買下邦威特百貨整座大樓。

川普還沒說完他的想法，就從佛蘭克林的臉上看出，對方正在忍受一件最荒謬絕倫的事情。當川普說完後，佛蘭克林很客氣但很堅決地說：「如果你認爲我會賣掉這塊好地，那你一定是發瘋了。」

雙方握了握手，川普便告辭了，心想自己永遠也別想買下這塊土地。

從佛蘭克林的態度可以看出，這似乎是樁不可能的買賣。

即使碰壁，川普並沒有灰心。他開始向佛蘭克林．傑曼寫信，感謝他願意會見自己，幾個月後，又寫信問他是否願意重新考慮。

幾個月都沒有收到任何回信的情況下，川普又寫信說想再去見見他。過了一段時間，他又寫信提出一個新的建議。

在毫無希望的情況下，川普一直堅持不懈地努力。他認爲很多情況下，成功與失敗取決於能否頑強地堅持這樁買賣，儘管佛蘭克林從未從原先的立場上後退一步。

但是，事實證明，川普寫的那些信確實產生了影響。

從川普第一次見佛蘭克林起，很快三年時間過去了，在這段期間，捷內斯克公司開始遇到十分嚴重的財務問題。對此，川普並未留意，直到一九七八年六月的一天傍晚，他拿起《經濟週刊》雜誌，讀到一篇關於捷內斯克公司管理人員變動的文章才恍然大悟。銀行力圖不讓這家公司破產，堅持要換一名新的主管。

這個人名叫傑克·哈尼根，是個被視爲可以扭轉局勢的藝術家，剛剛成功地救活了瀕臨倒閉的布朗什維克公司。他的特長是「剪枝」方法——這是將公司拆散的好聽說法。換句話說，哈尼根的任務就是要不停地賣、賣、賣、賣掉不動產，還清債務，償付銀行。

對哈尼根這種人來說，對危困公司的人事和產品沒有一點感情上的牽連，所以能夠毫無困難地做到鐵腕無情。哈尼根是個堅定、聰明、說一不二的傢伙。

就在讀到那篇文章後的隔天早上，川普給捷內斯克公司打了電話，找到哈尼根。

當時，哈尼根剛剛接管自己的新工作，但出乎川普的意料，他說：「我敢打賭，我知道你打電話爲了什麼。」

「你眞的知道？」川普說。

「是的，你就是那個給佛蘭克林寫了無數封信想買邦威特·泰勒百貨的人。你能來見我嗎？」

這說明有時候能否做成生意全靠時機，如果有人比川普早幾天或幾星期打電話，那麼整個事情的結局就可能完全是另一種樣子。川普馬上去見哈尼根，雙方會談十分融洽。很明顯的，該公司急需現鈔，爲此哈尼根將毫不猶豫地賣掉邦威特百貨或其他不動產。

川普離開時，樂觀地認爲很快就能成交。然而，奇怪的事情發生了，傑克·哈尼根突然拒絕接他的電話。其後的幾天，川普至少給他打了十幾個電話，但從未接通。川普意識到一定是有其他人加入競標，不管情況怎樣，他遇到了麻煩。

儘管不知道對方拖延的原因，但川普決定和哈尼根再次見面談談。

這次，川普帶上了他的律師傑里·施萊格。

很快，雙方就達成了協定，事情進行得十分簡練。捷內斯克擁有邦威特大樓，但不包括建築物下面的土地，這塊地他們還有二十九年的租期，最終，川普同意用二千五百萬美元買下這座大樓和他們的土地租期。

對川普來說，這只是第一步。爲了建立起腦中的大廈，他需要把其他幾塊土地連成一片，然後進行規劃、修改。這是在紐約做房地產的一般情形，但在這筆生意中，他正與一塊惹人注目的地段打交道，這意味著每走一步都將遇到非同一般的困難，需要小心翼翼地審時度勢。

做生意要保守秘密

川普的首要任務是要對這筆生意保守秘密。如果有人在他簽合約之前得知邦威特將要出賣的風聲，他將永遠也不可能做成這筆生意，一旦邦威特公開這項訊息，覬覦這個地段的人都會插上一手，競標價會衝破房頂。

所以，川普與傑克握過手後，鄭重其事對他說：「聽著，我希望起草一份簡明的意向書，表明我同意出二千五百萬買下這份產業，你也同意賣掉它，只需要必要的文件加以落實，這樣，我們誰也不能撤手這筆生意。」

令他吃驚的是，傑克說：「好吧，這合情合理。」

傑克是個聰明人，但畢竟不是紐約人，並不知道這塊地的真實價值，即使在經濟蕭條時期，也會有人排隊搶購這塊價值連城的寶地。

傑克和川普當下便起草了一份意向書。

然而，事情的發展超出了川普的意料之外。

一天早上，川普接到了一個電話，來電的是《紐約時報》的記者韋德瑪亞。對方開門見山地問，他是否正設法買下捷內斯克公司的邦威特商店大樓。這引起川普的警覺，捷內斯克依然沒放棄尋求其他買家，於是他決定冒一次經過策劃的險。

川普雖努力在簽約之前儘量保守秘密，不想引燃一場競價戰爭，但現在謠言四起，而賣家又在另打主意，所以他向韋德瑪亞證實說，他已與捷內斯克就這塊地達成了協定，他計劃在這塊地上建造一座新的摩天大廈，因此，邦威特商店很可能在今後的九個月內關閉。

川普的想法是，利用公眾輿論壓迫捷內斯克兌現他們的協議，並沒有料到會意外得到一個附加的好處。韋德瑪亞的文章第二天出現後，所有邦威特的最好的雇員馬上湧到其他幾家大百貨公司去找工作。邦威特突然之間開始失去自己最好的員工，繼續維持這家商店已不可能。

川普相信這是壓斷捷內斯克脊背的最後一根稻草。果然，傑克停止了拖延戰術，五天之後，雙方簽署了合約，並在《紐約時報》公佈消息。該公司的絕境無形中挽救了川普的生意。

另一方面，絕境是一把雙面刃。由於捷內斯克急需現鈔，堅持訂立一項十分不尋常的合約——簽合約時先付十％，其餘九十％待合約執行完畢時付。川普的律師勸他不要同意這項要求，認爲該公司很可能不等合約執行完成就破產。如果發生了這種情況，破產法官便可以用他的預付金支付其他的債權人。冒這麼大的風險付這筆款，他的律師們認爲太冒失了！

川普則看法不同，他當然不會冒冒失失地支付二百五十萬美元，但他相信，他給捷內斯克的現款越多，他們就有更多錢支應債主。同時，由於儘快完成合約對雙方均有利，他的冒險相對是比較短。合約開始和結束的期限一般爲六個月或更長一點。對這筆生意，他們限定它爲六十天。

建造川普大廈

一九八〇年三月五日，川普開始拆掉邦威特大樓，改建川普大廈。開工之前，他意識到大廳可能是川普大廈最輝煌的部分之一。開始時，他只想把它建得能吸引零售商，看到最後的設計和模型時，感到它確實引人注目。

最好的證明大概是大理石的採用，最早川普想用褐色的天堂石，這種石料在格蘭德·凱悅飯店獲得了極大的成功。但後來，他覺得適合飯店大廳的東西，並不適用於商業大廳。

德爾和伊凡娜與川普看了上百種大理石樣品，最後發現一種叫波尼斯的大理石。這種大理石的顏色爲玫瑰色、桃色、粉紅色的精美混合體，是種罕見的大理石，令他們神魂顛倒。當然，價格也高得驚人。

川普用大量的大理石鋪滿了六層樓高的大廳的全部地面，使大理石的效果得到了進一步增強，創造了一種非常豪華、非常激動人心的感覺。

人們一致認爲川普大廈的大廳，特別是大理石的顏色，不僅使人有種親切、友好的感覺，而且令人振奮、衝動，具有想購買物品時所需要的所有感覺：舒適，明快，讓人願意多花錢。

當然，大理石只是其中一部分。整個大廳顯得富麗堂皇，典雅非凡，全部裝修與大理石的顏色渾然一體。

川普還採用了許多反光玻璃，特別是在升降梯的側面，這一點非常重要，使得一塊狹窄的中心地帶，看上去寬大了許多，具有了戲劇性的變化。這種視覺上的擴大，隨著整個大廳只用了兩根結構性支柱，得到了進一步體現，獲得的效果是，不論站在哪裡，都不會使視野受到任何阻礙，都會有開闊，豁達的感覺。

使大廳完美效果充分體現的第三個原因，是川普曾經激烈反對的一個設計，即把第五大道的入口設計得非常巨大。原本規劃上，川普只要求這個入口寬十五英尺，他不想失去面向第五大道的更多的零售面積，但市政府堅持入口必須拓寬至三十英尺。

最後，川普很不情願地服從了。這使他損失了不少寶貴的零售面積，但後來他發現，這個令人矚目的大門非常值得。

大廳的最後一個關鍵因素，是東面牆上的瀑布。

它有差不多八十英尺高，花費了近二百萬美元。對川普來說，這是一種老式的，沒有什麼創新的裝飾。但建成後，它本身成了一件藝術品，像一面雕塑的牆，比在那裡擺放的所有藝術品都精美、都吸引人。從中間穿過，有種特殊的感覺，似乎進入了一個神奇的樂園。

川普大廈之所以能收到史無前例的高房租，結合了設計、材料、地點、宣傳，還有運氣、時機，簡直被渲染上了一層層神奇的色彩。雖然許多大廈都可以獲得成功，但只有這一座大廈具備了吸引最佳買主，並收取最高價格的所有條件。

在川普大廈以前，只有一座大廈達到了這種高度，那就是七〇年代在第五十一大街和第五大道建造的奧林匹克大廈。它的關鍵因素是這座大廈的建造者是亞里斯多德·歐納西斯。歐納西斯具有令人驚歎的生活經歷，和傑蒂·甘迺迪結婚，乘坐噴射飛機不停地在世界各地的宮殿旅行，有巨大的遊艇，甚至擁有自己的島嶼。他非常富有，非常有名，奧林匹克大廈一建造起來，便登上霸主的地位。

事實上，川普大廈也與另一家競爭者進行了霸主之戰，最後把對方趕下台去。川普做成邦威特這筆生意之前，另一家開發商就宣佈，要在第五大道和第五十三大街之間的現代藝術博物館之上，建造一座巨大的公寓大樓。這座大樓和博物館連在一起，很氣派，地點優越，建築師瑟薩．倍利也很有名氣。

開發商明確表示，要不惜一切代價地把它建成首屈一指的建築。

但是，川普大廈的銷售，遠遠超過了博物館大廈。從一開始，川普便發現自己具有不少優勢，很明顯，他在第五大道上的地點比對方要好。除此之外，博物館大廈的外形並不鼓舞人心。它那用多種顏色的玻璃組合而成的外牆，並不怎麼引人注目，而大廳不過是普普通通。

最後，博物館大廈的市場推銷做得很糟糕。他們的廣告枯燥無味，沒有想造成聲勢的意圖，它的出現和平常的大樓沒什麼兩樣。

相反的，川普和他的團隊集中力量把川普大廈吹上了天。從第一天起，他們就不單單把川普大廈當作一座漂亮的大廈來推銷，而是把它當做一個城市的指標。他們把這座大廈當做頂級有錢人唯一能居住的地方，就像城裡最高級、最熱門的地點。

可以說，川普賣的是一支幻想曲，因而沒有在傳統紐約人身上下功夫，因爲這些人總想住在舊式的房子裡。另外，川普知道，還有其他好幾種有錢人值得努力。

就在即將出售公寓的那天早上，一個推銷員衝進川普的辦公室：「川普先生，我們遇到了麻煩。博物館大廈剛剛公佈了他們的價格，比我們低得多。」

川普想了一分鐘，很快就意識到銷售的情況很可能正好相反，博物館大廈只會害了自己。他認爲，彼此爭奪的對象對價格是不會斤斤計較的，這些富豪可能會對其他東西討價還價，但在選擇住宅時，只想要最好的，而不在乎多花點錢。

博物館大廈降低價格，無異於公開承認他們沒有川普大廈好。

成功的商業策略

根據市場需求強烈的形勢，川普採取的市場推銷方針是製造公寓緊俏得難以買到的假象，這是一種十分有效的推銷術。

如果銷售員坐在辦公室裡，手裡拿著一份合約，急著要做成生意，那麼，對方很清楚就可以看出，沒有多少人來買公寓。但是當顧客進來時，川普的銷售員親切地向他們展示出公寓的模型，然後坐下來輕鬆談話，那就解釋說，已有一隊人列在清單上等待購買最理想的公寓。

公寓越顯得難以得到，想買它的人越多。

隨著需求量的增加，川普不斷加價，一共加了十二次。川普大廈一開始的售價就比當時紐約最貴的奧林匹克大廈高出很多，短短的時間內，川普大廈最高幾層最好的公寓價格幾乎翻了一倍。

完工之前，川普已經賣掉了大部分公寓。

由於川普大廈的二百六十三套公寓十分搶手，川普決定保留一打左右不出售，就像飯店經理總是留下一些空房以備急用，這是保持靈活性的一種措施。一九八三年底，川普搬進頂樓的三套公寓其中一間，總面積爲一萬二千平方英尺。有人出高價要買與他相連的那兩套公寓，但川普堅持不賣，認爲自己可能需要更大的空間。

川普成功地銷售了川普大廈的同時，也成功地爲大廳吸引了最好的零售商。首開記錄的，是經營最好的水晶石、珠寶首飾和古董的阿斯普里珠寶店，這家位於倫敦的商店，選擇他們的大廳作爲經營二百年來的第一家分店。開始時，他們在大廳占了一小塊地方，生意非常興隆，現在已大大地擴大了專區面積。

品質當然能吸引更好的品質，之後川普與世界上最好的零售店達成了租賃協議，其中包括阿斯普里、查理斯、約頓、布塞拉蒂、卡蒂爾、瑪瑟，哈里·溫斯頓以及其他許多店。

在一九八七年四月，大廳剛剛開業，知名的評論家保爾·格德柏格對大廳發表了一篇評論，評論的題目是：「川普的大廳使人感到愉快的驚訝」。

這篇評論說：「其他評論家都錯了，這個大廳為紐約人增添了新的樂趣，它的設計使許多標新立異的設計家望塵莫及。」

他繼續說：「這座大廳很可能是近年來在紐約建成的室內公共設施中最令人愉快的一個，它使人感覺熱情，豪華甚至振奮，比奧林匹克大廈、伽利略大廈、西鐵公司中心的商店街和大廳都更加討人喜歡。」

這篇評論發揮了兩個積極的作用。首先，它增強了前來租賃商店和購買公寓的人的信心，讓他們相信自己的選擇是最棒的；其次，它把更多的顧客吸引到大廳來，這一點更爲重要。

一般來說，一座封閉式的商業街，總是不斷更換租戶，但川普大廈極少更換零售店。更重要的是，一家租戶剛一離開，排在等待清單上的五十家商店便立即補上，因爲這裡是出售世界上最昂貴商品的商店。

當然，並不是所有零售商都覺得這塊地方合適。

但沒有人懷疑，這裡是世界上最賺錢的大廳。

8

Chapter

進軍大西洋賭城

那時，不論是三・二億或二・五億，都意味著這是川普一生中所下的最大的賭注。每個人都問川普，為什麼他會考慮這樣一筆生意。川普的回答是：「我相信如果管理得當，它能賺到成噸的鈔票。」

賭場是一門好生意

川普究竟有多少錢，外界已經爭論了數十年，因爲沒人說得清楚，人們只知道他擁有著價值一億美元的豪華遊艇以及私人飛機。

川普多次強調自己的身家超過一百億美元，如此巨額的財富是他作爲一名成功商人的證據。毫無疑問，川普實現了他成爲商業鉅子的夢想。

川普在生意場上另外一個值得炫耀的成功，就是他的賭場生意。

賭場生意第一次引起川普的注意是在一九七五年。某天，他正開車前去參加康莫多爾飯店的一次會議，收音機裡廣播了一條新聞：「內華達州拉斯維加斯的飯店雇員們剛剛投票決定舉行一次罷工，造成的影響之一，是在拉斯維加斯擁有兩座賭場的希爾頓飯店集團的股票價格大幅下跌……」

川普那時已懂得了一些飯店經營，但仍感到吃驚，一個在全世界擁有一百多家飯店的公司，怎麼可能因爲兩家飯店罷工，就受到如此巨大的損失呢？他回到辦公室後只花了一點工夫，便找到了答案。

原來，希爾頓在全世界擁有一百五十多家飯店，但它在拉斯維加斯的兩家賭場飯店，卻占了全部純利潤的四十％，而外界一直認爲獲利不錯的紐約希爾頓飯店，僅占希爾頓集團全部利潤的一％。

這個數據讓川普大吃一驚，也讓他備受打擊。在過去差不多兩年的時間裡，他日以繼夜地工作，在四十二街建造自己的大飯店，如果他沒有拿到政府的批准書，也沒有拿到貸款，整個專案可能徹底崩垮。現在，他第一次察覺到，即使他最終能在世界上最大的城市建起自己的飯店，它的獲利還不如西南部一個小小沙漠城市中經營得馬馬虎虎的賭場。

這時，川普已在康莫多爾飯店專案上下了功夫，不想放棄已經開始的工作。但他聽到這條新聞後，馬上去了一趟大西洋城考察。因爲，一項新的提案將在一九七六年投票表決，以使賭場生意在大西洋城合法化，這件事當然值得搞清楚。

作爲一個精明的商人，川普對賭場這行從沒有道德上的障礙，認爲大多數反對意見其實很虛僞。

他說紐約股票市場恰恰是世界最大的賭場，它和一般賭場的唯一區別，只是賭徒們都穿著筆挺的西裝，拎著皮革公事包而已。在川普眼中，股票市場和賭場沒什麼區別，股票市場中輸掉或贏得的錢，比世界上所有賭場的錢加在一起還要多。

川普認爲，討論大西洋城賭場合法化的中心問題是經濟效益，包括時機是否成熟、入場券價格是否合適、這個地區從地點上看是否有價值……等等。

大西洋城坐落在紐澤西州的南海岸，離紐約市一百二十英里，過去曾經是個旅遊勝地和會議中心。但是，當會議中心轉移到氣候溫暖的大城市後，大西洋城便開始走下坡路。

川普沒有料到情況會變得如此糟糕，這座城市幾乎變成了一座地獄，不少樓房被燒毀，商店關了門，許多人失業，到處是絕望的情緒。

諷刺的是，賭場可能合法化的前景已經使大西洋城的地價飛漲，特別是沿海的波德沃克大街一帶。從大型商業公司到住一夜就走的騙子，各式各樣的投機商像禿鷹一樣湧來。一幢一年前只能賣五千美元的房子，突然之間有人出價十萬、五十萬，甚至一百萬美元競相購買。

這情形有些滑稽，川普決定不加入這支投機商的行列，不贊成投入太多必須承受風險的資金。例如，他在複決提案表決前花五十萬美元買下一塊地，如果提案被否決，他的五十萬投資第二天便會變得一錢不值。但是，他覺得買一件牢靠的東西，是一樁更好的賭注。成功的賭場會產生強大的經濟效益，爲一塊好地多花點錢最終會顯得微不足道。

結果，複決提案於一九七六年十一月通過，並於一九七七年中列入法律。那時，格蘭德．凱悅專案終於有新進展，大西洋城的地價也比川普預想中飆升更高，簡直像天文數字。

就像五年前他對曼哈頓的高昂地價的做法一樣，他決定再旁觀一段時期。川普知道，如果有耐心，睜大眼睛盯住事情的發展，總會有好機會出現。

差不多過了三年，到了一九八〇年冬天，川普接到受他委託在大西洋城觀察的一個人的電話。電話那頭說，波德沃克地段的某個主要地點，川普可能有希望得到。

這個機會再好不過了。首先，賭場淘金的第一波熱浪已經過去，局勢有些惡化。少數賭場像假日飯店、金礦飯店、凱撒飯店，生意紅得發紫，但許多後來的冒險者都遇到各式各樣的麻煩。有很多冒險家帶著宏偉的計劃開進城裡，但遇到財務和執照，或建造飯店賭場的巨額開支後，紛紛退出競逐的行列。與此同時，大西洋城的聲譽也由於聯邦調查局提出貪污、受賄等種種指控受到損害。

更糟的是，一九八〇年的冬季十分寒冷，滴水成冰，狂風怒號，在一、二月份，行人簡直無法在波德沃克大街上站穩。

突然，這座熱絡了幾年的城市從裡到外冷清了下來，沒有人再談論建造新的賭場，就好像大西洋城的博弈生意，只是季節性的繁榮，由少數幾家賭場來經營就足夠了一樣。但在川普眼裡，這等於是一次機會。最糟糕的時期，常常爲好的生意創造最好的機會。

電話裡提到的這塊兩英畝半的地皮，位於波德沃克大街中部，正好在進入大西洋城的高速公路旁。另外，它正好位於經常舉行會議和招待會的會議中心旁邊，川普相信，在大西洋城再也找不出比這更好的地點。

發揮信譽的優勢

到了一九八〇年，波德沃克地段的那塊地成了混亂的訴訟焦點，產權支離破碎，協議交叉重疊，優先權多有爭議，抵押權各霸一方，各方勢力鬥爭如火如荼。這塊地的眞實狀況幾乎誰都無法弄清，更談不上排除矛盾。

和川普談過的所有律師和經紀人都直言不諱地告訴他，如果他眞想在大西洋城建一座賭場，最好買一塊已經連成片的土地。

川普傾聽他們的勸告，但並不完全相信。首先，他一直主張如果要花同樣的錢，那就應該選擇最好的地點。其次，複雜的交易幾乎對他有種致命的吸引力，一方面這種交易很有意思，另一方面從困難的交易中，往往能拿到好價格。

如果川普在一九七六年想購買這塊地，情況也許會大不相同。那時，他還沒有在紐約建造過任何東西，沒有人真的知道他是誰。但到了一九八〇年，凱悅飯店已經開工，川普大廈也已經公佈，他的知名度已大大提高，也有了一定的信譽。對他而言，信譽是最關鍵的要素。

這塊地包括三大塊地段，每一地段都由不同的投資組織佔有，還有一些小地塊由個體的移民持有。

建造一個預想的宏偉建築的唯一機會，是將所有地塊連成一片。川普最不希望做的是投入了許多資金，最後受到一家釘子戶的要脅。另外一個投資者鮑博．格申斯在旁邊的地段上就遇到這樣的遭遇。後來，在一座未完工的銹跡斑斑的大樓框架下面，還殘留著一家格申斯一直未能買下的獨門獨院的小家庭。

川普開始發揮信譽的優勢，告訴土地的每一個主人，他準備做一次公平的交易，他與以前和他們打交道的人不同，絕對信守承諾。他指出自己在地產生意中有良好的記錄，可能是目前唯一想把這些地連成一片的人。川普向這些地主強調，如果他們不能與他達成協議，可能要任由他們的土地荒蕪多年。

這個交易的主要部分，是這塊土地上的三個大地段，擁有的主人分別是ＳＳＧ公司、馬格能公司和第三網路公司。

川普親自與這三家公司的負責人進行了談判。他不是一下子就想把這塊地買下來，而是尋求長期租賃的辦法租下來，然後再找時機買下來。他的策略是儘量降低初期投資，避免在銀行對大西洋城信心不足的時候尋求大筆貸款。用租賃的辦法，他可以自己負擔這筆費用。

川普的辦法十分簡明，準備迅速、乾淨、俐落地與地主們成交。

至於那些個體戶的土地，川普則決定直接購買，爲此雇用當地人代表他進行談判。由於經濟局勢已經惡化，他以較低的價格就買下了所有的小塊房地產。

到了一九八〇年七月，川普談妥了所有的地塊，在大西洋城一家律師辦公室裡安排了馬拉松式的簽約程序，時間從一個星期五的下午開始，在所有文件簽署完畢和加封工作結束時，共用了二十八個小時。

至此，川普牢牢控制了大西洋城的最好地段。

進行下一步工作前，川普還要解決貸款、規劃和賭場營業執照等問題。更重要的是，他需要確定開始這項巨大工程的時機是否合適。

幸運的是，川普並沒有需要馬上做出決定的壓力。當然，他已經投入了幾百萬美元，包括律師費、初步設計費、員工薪資，以及購買和租賃土地的費用。但川普有信心，如果他想回頭賣掉這些已經連成片的土地，能賣出比投入高出許多的價格，總有人想買最好的貨色。

事情進展到這一步，川普需要優先解決的，是從賭場管理委員會那裡拿到執照。他已對大西洋城觀察了很長時間，知道取得執照的時間相當漫長，相當困難，幾乎難以想像。例如，花花公子公司的申請就遭到了否決，凱撒公司和巴厘公司都受到了嚴肅的質詢。

申請營業執照

爲了申請賭場的營業執照，川普雇用了一名律師做他的代表。尼克．利比斯最初是紐豪斯家族向川普舉薦的，他爲這個家族做了很多工作。川普一見到他，便喜歡上他的風格。

尼克．利比斯那時大約有四十歲，但看起來要年輕許多。

川普對他說的第一個問題就是：「喂，尼克，我不能肯定像你這麼年輕的律師能夠應付這件大事。」

尼克說：「說實話，川普先生，我還從未遇見像你這麼年輕而又能付得起我的帳單的客戶。」

尼克和川普馬上制定了一套戰略。

在取得執照以前，川普不展開建築工作。先前，買下大西洋城的土地的公司，總是將執照申請和建築工作同時進行。執照申請所需要的時間，跟工程建築一樣長。賭場建造得越快，賺錢的時間就越早。

這是最完美無缺的狀況，前提是要能拿到執照，但川普不想拿幾億美元冒險。同時，他也不想在與賭場委員會的談判中，處於弱勢的地位。一旦開始投入巨額資金，對他們要求的任何事說不字，就不那麼容易了。

相對的，等待執照只是意味著他要對土地多付一些日常開支，延緩利潤的取得，他寧可穩紮穩打。

川普手裡的王牌是大西洋城的新賭場建築已經全部停止，他知道，州政府和市政府官員十分渴望有新的賭場加入，以此證實大西洋城仍然是一個投資的好地方。由於川普的信譽已經建立起來，他相信自己在大西洋城建造一座大賭場的建議，州政府和市政府官員是能夠接受的——他不想乞求任何人，只想得到公平交易的機會。

大西洋城是個極好的機會，川普準備在這座離紐約市一百二十公里的城市投入二億美元。但他不可能每天都親臨現場，因此需要一個絕對稱職、絕對誠實、絕對忠誠的人來管理這個專案。

這個人的重要性不言可喻。

一九八〇年五月的一個晚上，川普給他的弟弟羅伯特打了電話，兩人在川普的公寓裡談了幾個小時，第二天，羅伯特同意爲大西洋城負責日常事務，一道爲爭取執照而努力。

一九八一年二月的一個早晨，羅伯特、利比斯和川普開車去紐澤西州，會見紐澤西州大法官和賭場管理委員會負責人。

川普的發言十分客氣，但也非常直率。

他說他準備在紐澤西州做一筆大的投資，用他自己的錢，而不是貸款，他已爲波德沃克地段投入了幾百萬美元。但他擔心的是，大家都知道紐澤西州總是爲難任何想在賭場方面做生意的開發商，執照的調查工作一般要拖上十幾個月。雖然他非常想在波德沃克建造一座宏偉的賭場，但他已在紐約建立起非常成功的房地產生意，如果審查程序太困難、太耗費時間，他便打算撤退。

在結束發言時，川普說，在對執照做出任何決定之前，他不打算再投一分錢，或開始任何施工。

大法官對他說：「不對，川普先生，你對紐澤西州的看法是錯誤的，執照申請過程在這裡是能夠有效地進行的。我不能對調查結果向你做任何承諾，只能保證，如果你積極合作，他們能在六個月內給你一個答覆。」

然後，他轉向賭場管理委員會負責人，問道：「是不是這樣？」

這位負責人試圖設一個圈套，回答說：「好吧，我們將盡最大的努力，但也可能用一年的時間。」

這時，川普開始反擊，「好吧，如果要花一年的時間，那我就不在這裡投資了。我準備積極合作，但不想坐在這裡無聊地啃大姆指等待答覆。」

大法官點了點頭，賭場負責人也表示同意。很明顯，六個月是他們的時間表，他們盡全力做這一點。

川普需要進行的下一步，是坐下來與賭場管理委員會的官員們談判。因爲修建一座賭場，從房間的面積，到賭場的佈局，從餐廳的數量，到休閒場所的尺寸，每個細節都需要得到批准。

川普打算在開工前就把建築規劃和施工詳圖提供給管理人員，使他們有時間審查新賭場的規劃，並提出修改意見。

其他有管理賭場經驗但沒有建築經驗的開發商，往往忽略了這一點。爲了使他們的設施儘快開業，許多人在拿到最後批准文件之前便開始施工，結果等到管理人員來了，卻說：「不行，這個房間太小。」或者：「不行，這部角子機應該放在那裡而不是這裡。」

從長期的經驗，川普知道在施工中做改動非常費錢，這也許是許多建築大量超支的關鍵所在。

結果，賭場管理處於一九八一年十月十六日完成了調查並發表了執照審查報告，前後不到六個月。

賭場的營業執照下來了，川普的下一個目標就是爭取貸款，這又是一個未知數。

大多數銀行都有不成文的規定，不向賭場貸款，因爲賭場的名聲不太好。滑稽的是，川普的麻煩正好相反，他在銀行界的聲譽很好，但對賭場業卻沒有一點經驗。

與假日飯店公司合作

爲了爭取到貸款，川普的辦法是利用自己的優勢。他對銀行家們說：「把錢借給沒有經驗但有信譽的公司，總比把錢借給富有賭場經驗但信譽有問題的公司要好。」

同時，他還說：「因爲我們是經得起考驗的開發商和建築商，比起一般賭場公司，我們更有信心向貸款銀行保證按時按預算完工。」

曾爲凱悅飯店專案解決貸款的漢諾威製造銀行，同意貸款給川普，因爲他們在建設凱悅的工程中建立起良好的關係。儘管對銀行給予的條件，川普並不十分滿意，但他已不能抱怨了，能得到貸款已經是謝天謝地了。

一九八二年三月十五日，在貸款落實和建築施工規劃設計得到批准的情況下，川普前往紐澤西州的特蘭頓市，參加賭場管理委員會主持的聽證會。最終，委員會一致同意爲川普的新賭場發執照。

這也就意味著，在開賭場這項生意上，川普終於上了路。

這時，突然發生了一件夢幻般的事，六月的一天上午，川普接到一位名叫麥克·羅斯的人打來的電話，讓他深受震動。川普從未見過麥克·羅斯，但知道他是假日酒店的董事長。

羅斯做了自我介紹後，說願意從孟菲斯市趕來見他。

川普沒問原因，像羅斯這種有地位的人，除非有值得談的事情，否則不會提出這樣的建議。他以爲對方想想購買他在幾年前買下的一處房產，位於美洲大道和中央公園之間的巴比松飯店。他知道假日酒店想在紐約市買一塊地段好的地產，而他則曾放出風說，如果價格合適，他可以考慮賣掉巴比松飯店。

一個星期後，麥克·羅斯來見川普。羅伯特和哈威·弗萊曼與他一道參加會談。

羅斯身材高大，穿著考究，一副紳士派頭，一眼看上去，就給人很深的印象。川普開門見山地宣傳巴比松飯店的地點多麼好，簡直像一塊寶石，羅斯能爲此而來是多麼明智，雖然自己並不眞想賣掉它……

川普天花亂墜地說了十分鐘，麥克・羅斯則很有禮貌地坐在那裡聽著，一言不發。最後，他有些尷尬地對川普說：「我想你沒弄清楚，唐納。我對你的巴比松飯店並不感興趣，我感興趣的是成爲你大西洋城的合夥人，這才是我來見你的目的。」

川普向來以獨往獨來的經營方針爲驕傲，從未想過在大西洋城找個合夥人。但如果這個人是麥克・羅斯，那就另當別論了。

川普很善於抓住機會，開始以同樣的熱情大談他在波德沃克的地段是多麼好，已經完成的設計是多麼精良，並獲得了營業執照。更重要的是，他們還取得了貸款，準備兩年內開始營業。

假日公司有兩個方面使川普心動：

第一，他們有豐富的經營賭場的經驗；

第二，他們本身有能力出資完成這個項目，這將使他個人擺脫貸款的負擔。

只不過，川普不明白，羅斯爲什麼對合資經營感興趣？假日公司已經在大西洋城擁有一座成功的哈萊斯賭場。川普知道他們對波德沃克地段感興趣，但他們已經買下了一塊非常高昂的地段，他以爲他們要在那裡建一座新的賭場。

不管怎樣，川普決定要個小把戲，畢竟是對方主動找來的。

川普欲擒故縱地說：「我有了貸款，有了執照，也有了批准文件。坦白地說，不需要合夥人。你到底是怎麼想的？」

羅斯解釋說，他對川普那塊地的位置很感興趣，但更重要的是川普的建築信譽，能夠按時按預算完工。像多數賭場經營者一樣，假日公司也在建築方面有無窮無盡的麻煩，哈萊斯賭場的建築費超支達幾千萬美元。

對於川普的賭場，羅斯特別喜歡的一點是他們已經準備開工。

羅斯最後說：「坦白說吧，主要原因是，假日公司不能對股東們再次報告超支的消息了。我認爲雙方合作，是將管理專長和建築能力合而爲一的好方法。」

羅斯有一個具體計劃，由川普負責建造這座飯店，假日公司負責管理，利潤對半分成。另外，他還承諾投入自己的五千萬美元，用於工程建築，並且馬上就付川普二千五百萬美元。他還同意由川普負責找貸款，並由假日公司擔保，以便得到更理想的利率。

爲了做成這筆生意，羅斯還有一件禮物，他說假日公司願意從賭場開業起的五年中，保證即使賭場虧損，川普仍可拿到一大筆工程費用。

這簡直好得讓人無法相信，川普偷偷看了羅伯特和哈威好幾次，判斷一下自己是否聽錯了某些內容，結果他們只是微笑。

麥克·羅斯離開川普的辦公室時，雙方已對在大西洋城的合資企業達成了一致意見。當然，具體內容會在下一步的談判中做些修改，並且交由假日公司董事會批准，但只要基本條件不變，川普不用負擔虧損，並能得到一半利潤，這便是樁極好的生意。

此外，更重要的是，川普是在與一家世界級的優質公司合作，他們具有管理賭場和飯店的優秀人才。

希爾頓遇上大麻煩

進軍賭城之時，川普做夢也未曾想過，有朝一日他會買下希爾頓賭場飯店，而且是希爾頓飯店集團於一九八四年在大西洋城修建的。先前，他總是懷著不樂觀的心情注視著這座賭場飯店的工程進度。

在大西洋城裡增加一個強大的競爭對手，對他並不是件有趣的事，特別是當他的「哈拉斯．川普廣場」與目前的競爭對手的戰鬥並不十分順利的時候。更糟糕的是，希爾頓前幾年對大西洋城的方針一直舉棋不定，現在則決心爲這座賭場飯店投放全部力量了。

對川普來說，希爾頓是個很難對付的對手。它是由康拉德．希爾頓於一九二一年創建的，經過康拉德．希爾頓持續不斷地努力，此時已經成爲世界上最強大的連鎖飯店集團之一。他的兒子巴林．希爾頓在五〇年代加入該公司，一九六六年康拉德退休之後，巴林被任命爲行政總管。

在父輩創建並獲得巨大成功的公司內，想要刻上自己的標誌並非易事。有些繼承人由於缺乏競爭能力而被徹底擠垮，另一部分則滿足於管好父輩已打下的江山，能超越父輩的爲數極少，特別是當父親的名字是康拉德．希爾頓的時候。

巴林．希爾頓做過最成功的決定，即打進賭場生意領域。一九七二年，希爾頓以一千兩百萬美元買下了兩座內華達賭場——拉斯維加斯．希爾頓和弗萊明哥．希爾頓。這兩座賭場的利潤逐年遞增，一九七六年爲三十％，一九八一年爲四十％，一九八五年爲四十五％，大約七千萬美元。

儘管賭場生意獲得了如此成功，巴林仍不能對大西洋城下決心。希爾頓在賭場合法化的同時，他買下了一塊地，但剛剛開始邁步卻突然裹足不前。當希爾頓在一九八四年終於決定開工時，它的大多數主要競爭對手，包括巴厘、凱撒、哈拉斯．川普廣場、山茲和金礦公司都已完工開業，並開始在大西洋城賺取巨額的利潤。

後來，希爾頓飯店終於下決心了，要在一塊八英畝的土地上，建造一座規模宏大的賭場飯店——巨大的大廳莊嚴高貴，天花板高達三十英尺，停車場車位多達三千個。

希爾頓在年度報告中，把這座飯店形容爲「我們公司有史以來的最大工程」。賭場面積爲六萬平方英尺，上面建有客房六一五間。

它的規劃與川普的哈拉斯．川普廣場相當，同屬於城裡最大的賭場之一。不同的是，希爾頓的總設計圖中還包括一個二期擴展工程：將整個賭場擴大爲十萬平方英尺，二千間以上的客房。

在急於回收投資的心態驅使下，希爾頓於申請執照的同時便開始施工，沒估算到在施工一半時執照申請遭到拒絕的風險。

就希爾頓公司認知，執照申請過程幾乎與履行例行公務差不多。問題在於希爾頓的人有點過於自滿和自信，認爲他們前來開賭場飯店是對大西洋城的恩賜，但事實上，執照簽發機關的看法正好恰恰相反。希爾頓認爲獲得執照是理所應當的事，無疑犯下致命的錯誤。

一九八五年初，希爾頓遇上大麻煩，他們的執照申請遭到否決。川普判斷，希爾頓很可能想賣掉這個設施，而不是爭取再次舉行聽證會，如果是這樣，他很有機會吃下這座賭場。

原本希爾頓準備在不到十二個星期後爲飯店舉行開幕儀式，已經雇用了一千多名員工，並且以每天一百人的速度繼續錄用員工。面對這麼大的開支而沒有收入，不管公司財力有多雄厚，都是一場巨大的災難。希爾頓正在承受巨大的時間壓力，在已經投入三億美元的情況下，他們將不惜一切代價拿到執照。

得知這個消息，川普與大西洋城的另外幾個人通了話，然後決定給遠在加州的巴林．希爾頓打電話。

「喂，巴林，你好嗎？」川普問。

「不好，一點也不好。」巴林回答說，態度沮喪，接著說：「事情簡直糟透了。我告訴你，唐納，我一點也沒想到，我一點也沒準備。」

「是啊，這件事出乎所有人的意料。」川普在電話裡附和著，這次談話就這樣繼續著。快結束時，川普回到了這次電話的正題，「喂，巴林，我不知道你想怎麼處置這個設施，但如果你想賣掉它的話，我願意購買，如果價格合適的話。」

巴林說他會記住這一點，誠心誠意地感謝川普給他打電話。

川普以爲事情到此就結束了，因爲希爾頓已經計劃再次舉行聽證會，而且他相信委員會最終會推翻先前決定的。當時，他並未料到情況的發展對他十分有利。

一生中最大的賭注

一個月後，川普接到一個叫蘭博特的人打來電話，他是希爾頓的董事會成員，負責管理伊斯蒂爾不動產公司。

在希爾頓的執照申請遭到拒絕後的幾個星期裡，董事們討論過幾次當時的形勢，蘭博特認爲希爾頓應該認眞考慮賣掉這座飯店。

這次打電話過來，蘭博特邀請川普參加希爾頓董事會舉行的一次晚會，「董事會即將在紐約舉行，這是一次你與巴林見面的適當機會。」

川普後來得知，希爾頓的董事會對怎樣處理大西洋城的問題存在著很大的分歧。賭場委員會同意希爾頓再次舉行聽證會的要求，儘管這樣，幾位董事會成員，包括蘭博特在內，都主張如果能找到合適的買家，馬上賣掉這座設施更爲明智。他們的理由是幾個月後，賭場委員會很有可能維持原判，仍不發執照給希爾頓，到那時情況更慘，他們負擔著幾千名員工，可能不得不被迫廉價出售。

川普應邀參加了晚會，和巴林兩人從屋裡一直談到花園。這次談話並沒什麼特別，巴林一直在發洩對大西洋城的憤恨，川普則很同情地聽著。巴林爲人謹慎、保守，不是那種果斷行事的人，所以川普採取了耐心的態度。

總的來說，兩人談得很投機。

後來，蘭博特告訴川普，他給巴林的印象很好。

生意場上就是這樣，有時候需要積極進攻，但也有時最好的策略就是靜觀其變。

在這之後不久，金礦公司的史蒂夫・文恩決定向希爾頓發動全面進攻，目的是控制這家公司。

文恩給巴林・希爾頓寫了封信，提出要買一大筆股份，總共爲整個希爾頓公司的二十七%。當時，希爾頓的股價每股爲六十七美元。文恩說，如果這個建議被採納，他便準備以每股七十二美元的價格支付希爾頓的所有股東，表明了兼併的意圖。

如果川普處在巴林・希爾頓的位置上，會一面與史蒂夫・文恩企圖兼併公司的威脅做鬥爭，一面爲在複審中拿到執照而戰鬥。這並不是說他肯定能取得勝利，而是出自本性的決定。受到欺負時，他會選擇戰鬥到底，即使這需要犧牲，需要承受困苦和巨大的風險。

然而，巴林畢竟不是個個性霸氣的川普，並不準備兩面同時作戰——既爭取執照又想辦法控制他的公司。在這兩個戰場上，控制公司當然是首要的。

史蒂夫．文恩在兩方面幫助了川普，首先他發出兼併的信號，使巴林處於防禦狀態，並使他不能集中精力對付執照的複審。與此同時，文恩的進攻架勢使巴林感到怒不可遏，導致巴林把川普當做拯救者一樣向他靠攏。

文恩對希爾頓公司發起進攻時，自認爲萬無一失。他自信最終能買下希爾頓的大西洋城賭場飯店，而且可能是非常優惠的價格。許多人認爲，文恩實際上想要得到的就是這座飯店，所謂兼併只是威嚇手段。但文恩顯然低估了巴林對他的厭惡程度，川普正是在這時插了進來。

在文恩提出兼併方案後，巴林希爾頓採取了更爲認眞的態度與川普談判。

川普給希爾頓的第一次報價是二．五億美元。雖然這個數目不小，但他知道巴林是不會以這個價格成交的。因爲希爾頓公司已爲這個專案投入了三．二億美元。賣掉這座設施對他來說是件十分可怕的事，要他向股東們報告說他在這個項目上虧損是根本不可能的。

於是，幾天之內，巴林把價格提到三．二億美元，時間已不允許川普再耍小聰明，已經沒有討價還價的餘地了，他要嘛出到適當的價格，要嘛乾脆走人。

那時，不論是三．二億或二．五億，都意味著這是川普一生中所下的最大的賭注。不到一年之前，他剛剛用二．二億美元完成了哈拉斯．川普賭場。在那筆生意中，假日公司負擔了整個專案的資金籌措，並保證他在經營虧損時不受損失。

而這一次，風險完全壓在了他一個身上。

在川普決定以三．二億元買下時，馬上給約翰．多賴爾打了電話。

約翰．多賴爾是他的好朋友，也是漢諾威製造商信託公司的總裁，兩人曾經一起做了好幾筆生意。

他們的這次談話令人驚奇地簡短。川普說：「約翰，我可能用三．二億買下大西洋城那座宏偉的希爾頓飯店。我想請你借給我這筆錢，我在一個星期內需要它。」

約翰問了幾個問題，兩分鐘後回答說：「成交了。」

這說明了信任的價值，約翰做了件從未做過的事——讓川普以個人的名義對這筆貸款做擔保。

這筆交易幾乎全靠勇氣，川普決定買下時，甚至還從未在這座飯店裡走過。他手下幾個人去看了一下，還需要從承包商那裡了解許多有關建築方面的問題。但是，川普覺得他在希爾頓飯店處於一片混亂的情況下去露面不合適。如果他把這件事告訴父親，老川普一定會說他昏了頭。川普的手下指出，他在哈拉斯·川普廣場與假日酒店的麻煩已經夠多了，對這座兩個月後即要開業的巨大設施他還沒有建立起管理機構，會承擔巨大的風險。

甚至有人懷疑大西洋的博弈市場是否能支撐住一家新的賭場，特別是在利率十分高的情況下，這家賭場還要負擔巨額債務。

每個人都問川普，爲什麼他會考慮這樣一筆生意。川普的回答是：「我相信如果管理得當，它能賺到成噸的鈔票。」

川普的冒險精神，在這次生意中展現得淋漓盡致。

川普城堡旗開得勝

一九八五年五月一日，川普第一次參觀剛剛用三．二億美元買下的這個設施。他剛一走進大門，就馬上意識到自己似乎做了一個英明的決定。儘管還有許多工作未完成，但它確實是座新穎奪目的賭場飯店。

他立即命令盡全力推進工程的進展。

在其後的六個星期裡，川普和他的夥伴完成了其他賭場需要一年，甚至更多時間才能做完的事情。他們拿到了產權的臨時證書，完成了申請執照所需的大量文字工作。他們在希爾頓原有雇員的基礎上，又雇用了一千五百名雇員，使飯店和賭場全部準備工作就緒，萬事俱備，只待開業。

川普把它定名爲「川普城堡」。川普原先的選擇是「川普之宮」，但「凱撒之宮」

飯店提出侵權控告，理由是他們對「宮」字享有獨家使用權。

川普覺得這不值得打仗，新賭場需要的是市場推銷和廣告宣傳，不希望看到自己為「川普之宮」花費了數百萬元宣傳費，卻不得不改變這一名稱。

有意思的是，他剛宣佈把這座賭場稱為「川普城堡」，假日公司便提出控告，阻止川普把一座競爭性的賭場叫做「川普」。然而幾個星期後，這項控告便被駁回。在「川普城堡」開業以前，川普已和幾家投資金融公司談過，如何發行債券以取代他從漢諾威製造商信託公司那裡取得的貸款。

川普想把自己儘快從貸款的鉤子上掙脫下來，即使要支付更高的利息。發行債券的主要困難在於「川普城堡」還沒有經營紀錄，別人無法了解它處理債務的能力，同時，川普公司沒有管理賭場的經驗，這是他們第一次親自管理賭場。

簡言之，購買「川普城堡債券」的人全靠自己對它的信心，他們把賭注押在他們從一開張就能經營成功上。

令川普感到吃驚的，幾家投資金融公司競相參與他的債券業務投標，都表示保證按一定價格找到債券的買主。他們願意為他下賭注，這使川普很高興。

為避免再次發生他在哈拉斯．川普廣場遇到的麻煩，他不再雇用外來的總經理，

而是把他妻子伊凡娜放在了主管的位置上。從對大西洋城的長期考察中，他得出了一個經驗，就是要管好一家賭場，良好的管理技能十分重要，後來伊凡娜也證實了他的經驗。

與希爾頓執行完合約後，正趕上夏季高峰期。第二天，「川普城堡」順利地開業。人群把賭場擠得滿滿的，生意好得超出川普的意料，第一天賭場的收入達七十二萬八千美元。開業後不到六個月的時間裡，「川普城堡」的收入超過了一．三億美元。這樣的成績超過了大西洋城裡所有的賭場，也比哈拉斯．川普廣場同期的經營狀況好許多，川普城堡在以後的經營中幾乎獲得全面的成功。

能取得這樣的成績，應該歸功於川普的妻子伊凡娜。她從不放過任何細節，有計劃地在各個管理階層雇用了大西洋城的最佳人才。她親自參與了賭場飯店公共場所的裝修設計，使這些地方變得十分引人注目。川普城堡永遠一塵不染，因爲她細緻到親自督導清潔工作。

優秀的管理終於得到巨大的回報。

9

Chapter

抓住難得的機遇

新大樓改名為「川普高級時尚住宅」，川普公司在這個專案上的總收入超過二・四億美元。至於川普，則在這樁許多人都認為必將慘敗的生意中，得到一億美元以上的利潤。

南中央公園一百號

川普的人生信條是：「有耐心的人無往而不勝。」

一個優秀的企業家，一定要學會耐住寂寞，在等待中磨練自己的技能，等待機會的到來。只有具備了耐心，才能獲得那些更爲長遠、更爲重要的東西。

有時，輸掉一次戰鬥卻可以據此找出新的途徑，從而贏得整個戰役。通常，這需要一點時間和運氣。在南中央公園一百號這個項目上，川普二者兼而有之。

當時，那裡的居民頑強地抵抗川普公司把他們居住的舊樓拆掉，再蓋一座新樓的計劃。他們勝利了，把川普的計劃拖延了幾年。因此，川普被迫改變了原計劃，無意中又找到了一個更省錢卻更賺錢的項目。在雙方對抗的過程中，不動產價格直線上升，川普反倒意外地獲得鉅額利益。

一九八一年初，川普聽說有個機會可以買下一個好地點的兩座相連的樓房。一是南中央公園一百號，這是座位於南中央公園和美洲大道轉角的十四層公寓大樓。另一座是「巴比松大廈」，這座三十九層的大廈坐落在中央公園正面，位於中央公園一百號背後，大門開在美洲大街上。

這兩座樓屬於洛普銀行家族的馬歇爾．洛普、蘭勃特．布魯塞爾斯公司和亨利．格林柏格。僅就地點來說，這兩座大樓代表了世界上最好的地產之一，不僅位在最寬敞、最有名的大街上，而且還俯瞰中央公園。「巴比松大廈」是一家破舊的中等飯店，最好的年景不過只能賺到一點點利潤。南中央公園一百號是一座實行房租限制的公寓大樓，光靠收繳的房租很難支付大樓修繕費用。

正是由於這些不利因素，川普才能夠以優惠的價格取得。當然，這處地產沒有公開拍賣也幫了他大忙。只要沒有其他的投標人，他就能以樓房的不利因素儘量壓低價格。此外，產權所有人是一夥非常有錢的人，決定賣掉這塊地產，並非急於用錢，而是他們年事已高，想把財產清理一下。

川普幾乎沒有察看這兩座樓的收益情況，就決定把它們買下來。因爲，吸引他的

是地產的價值，而不是它的收益。

最終，川普以極低的價格買下這塊土地，他認爲這筆生意不存在任何不利因素，幾乎馬上可以從銀行拿到抵押款償付他的買價。即使做最壞的打算，他也能轉手賣掉而賺一筆錢，縱使是在不景氣的年頭，一流的地產總是有人買的。

川普的另一種選擇是對飯店做少許裝修，然後把底層商店的租金價格提到市場平均水準。另外，隨著南中央公園一百號享受房租限制待遇的房客逐漸去世或搬走，也可以提高這些房間的價格。這樣做，他至少可以收回投資，並獲取薄利。

不過，川普認爲，從這兩座大樓中獲取最大價值的途徑是拆掉它們，然後建造一座巨大的、狀觀的現代化豪華公寓大廈。

然而，拆掉「巴比松」這樣一座大樓既不容易，也不省錢，儘管他堅信從新的大廈中收回拆樓的費用是毫無問題的。

第二個問題是很久以後他才明白的，那就是要拆掉這種實行房租限制的公寓幾乎比登天還難。川普知道有些住戶肯定會反對搬家，但認爲自己有的是時間，能經得起拖延，他準備耐心地頑強地努力下去。然而川普低估了住戶們的反抗程度，他們讓他很快明白了一個道理：房租越低、開間越大、地點越好，住戶就會越頑強地捍衛自己的利益。

如果住在地點不好、條件一般的公寓中，要住戶搬家當然不是難事。然而南中央公園一百號，情況恰好相反。住戶們正在為保衛紐約最好的房產而戰鬥，美麗的公寓，高高的天花板，高雅的壁爐，優美的窗景，還有令人咋舌的地點。最重要的是，按照租金限制規定，他們獨特地享受著優惠的補貼，支付租金遠低於市場價格。因而，作為南中央公園一百號的住戶，這些人有理由向任何企圖讓他們搬家的人進行鬥爭。

在買下這座樓房後不久，川普對住戶的經濟收入情況做了個調查，結果令人吃驚，這裡面共分三種人。

住在高層俯瞰中央公園的較大公寓裡的人，一般是事業成功的有錢人，而且多數人很有名氣。

第二類人是他稱之為「雅痞」的住戶，大都是年輕的專業人員、股票經紀人、記者和律師。他們雖然不一定是百萬富翁，但肯定有不少錢。他們租的是面對公園的單間或雙間臥室的公寓。

第三種住戶住在較小的公寓裡，其中有的是老年人，靠社會保險金過活，他們的租金比市場行情低了一倍。

在這種情況下，川普想搬空南中央公園一百號，難度可想而知。不幸的是，一開始他便犯下了一個關鍵性的錯誤——沒親自參與此事。親自參與是他一貫的工作方法，而且很奏效，但說服住戶搬家並不是他擅長的工作，所以他雇用了一家專門搬遷居民的公司來做此事。

幾家有名的公司的總裁都向他推薦過西塔德爾管理公司，並對它的信譽做擔保。這塊地方引人注目，他最不希望的是引起新的爭端。他原先的計劃很簡單，就是讓南中央公園一百號的住戶知道他最終要拆掉這座大樓和旁邊的巴比松飯店，他將幫助他們，以尋找新的公寓，並發給搬遷費。

但住戶們很快就組織起來，組成一個居民協會，決定聘雇一家律師事務所當他們的代表。費用不成問題，他們當中的大富翁錢多得花不完，可以負擔律師費，其中幾個人也願意每年爲這件事捐款。這比到其他地方租同樣的房子畢竟便宜多了。

這家律師事務所成功地代表了住戶的利益，策略是在每條戰線上都堅決反對搬遷，並盡可能在法院糾纏，能拖多久就拖多久。

與拆遷戶的鬥爭

川普自認爲有權搬空南中央公園一百號，再建造一幢更新更大的樓。對那些住在沒有租金限制的公寓裡的人們，只要把他的拆遷計劃和蓋新樓的計劃攤開就行了。但對那些享受租金限制待遇的住戶，他得滿足他們更高的條件。

不管從哪方面考慮，川普都相信市政府會批准他的拆樓計劃，並命令住戶們搬走。西塔德爾公司於一九八一年接管了公司的管理權後，他給了他們兩條指示，第一條是盡可能多爲住戶尋找新的住房，第二條是向住戶繼續提供基本服務。川普沒有把南中央公園一百號當做川普大廈那樣來管理。這裡的租金剛剛夠他的開支，根本談不上豪華服務，這些交付低租金的人也無權要求這些服務。

不僅如此，川普甚至讓服務人員脫下了他們的漂亮制服，省下了一小筆乾洗費。

走廊裡的高度數燈泡被換成低度數，因爲任何一個有經營頭腦的房東都知道這可以節省不少電費。但川普沒有料到，住戶卻以此爲由，說這種更經濟的管理辦法侵擾了他們的正常生活，使他們無法忍受。

這些住戶甚至想出了一個辦法，把川普公司的搬遷計劃也作爲妨礙正常生活的證明。他們聲稱，川普公司製造「長期不斷的壓力」，迫使他們搬遷。實際上，川普公司對每個住戶都提供搬遷的幫助，但他們都拒絕了。因爲住戶們一致同意，拒絕川普公司提出的任何要求。

不得不說，居民們以侵擾爲理由提出指控，的確是聰明的做法，侵擾在紐約是個可怕的罪名，會使人馬上聯想到可憎的房東和無辜受害的住戶。如果住戶能說服大陪審團侵擾確實存在，川普的計劃將被駁回，這樣他們就不用搬家了。

與此同時，住戶們可以散佈許多有關川普公司侵擾他們的負面輿論，假如他出面否認這種指控，便會將事情鬧得沸沸揚揚。不幸的是，川普在幾次行動正好中了住戶們的圈套。

一九八五年一月，州政府同意考慮住戶們的指控。川普認爲，這些住戶是在利用侵擾的指控，達到自己的目的。他堅決認爲，實際上並不存在侵擾，這項指控是用來對公寓搬遷費討價還價的籌碼。

住戶們周密地計劃了這場運動，大約五十人提出指控，每個人都列出侵擾行爲的清單，甚至在結尾都寫了同樣的話：「唐納．川普是一個現代的壓迫者。」

但住戶們沒有料到，川普並不是一個會選擇妥協的房東，特別是當他認爲這些指控是無理的時候。進行反擊可能會增加律師費，但他不允許被敲榨之後，同意一項可笑的妥協方案。

隨著時間推移，事情還是朝著對川普有利的方向發展，更重要的是紐約不動產不斷增值。它的價值自一九七四年以來每年都穩步增長，到了一九八五年一月，他與住戶們的抗爭達到高潮時，這棟大樓的價值漲了差不多一倍。

南中央公園一百號的空房，隨著時間推移，數字持續增加。法律允許川普按市場價格出租這些空房，實際上他就像抱著一棵搖錢樹。

抓住市場的機遇

川普買下南中央公園一百號和巴比松大廈之時，摩天大樓的風格仍舊以光亮的現代玻璃帷幕爲主。川普大廈就是一個最好的典範，由於這種設計已被人們廣爲接受，並且獲得了極大的成功，所以把這兩棟大廈設計成同樣的光滑玻璃大樓，似乎是符合邏輯的。

時間到了一九八四年，川普意識到一個新的浪潮正在建築業興起，那就是復古的建築。川普是個講求實際的人，如果人們希望要復古式的，那他就提供復古式的，他對沒有市場的樓房不感興趣。

一九八五年初，他雇用了一名設計家爲巴比松大廈地段設計一種復古的、傳統色彩的樣式，以和南中央公園一百號相匹配。當設計家帶著一個爲巴比松設計的老式建築模型來見他時，並未引起他的興趣，他只注意到這座新樓比舊樓小得多。

川普問設計家這是爲什麼？

「是因爲分區規劃上的限制。」設計師解釋說：「建造巴比松時還沒有分區規劃限制，現在的規劃要比那時嚴格多了，在這個地段，已不允許再建造這樣的大樓了。」

川普問：「你的意思是，如果我們把內部掏空後重建，只留下外牆和鋼架不動，就沒有這個問題，但假如要拆掉整座舊樓，就只能蓋一棟小得多的，不怎麼吸引人的新樓？」

設計師說說：「是的，川普先生，是這樣的！」

川普接著問：「如果這樣的話，那我們爲什麼還要拆掉舊樓，蓋個只有原來一半大的新樓呢？不僅外觀上沒有什麼更新穎的地方，而且費用也高得多。」

「這很簡單，川普先生，」設計師說：「原因是巴爾遜的窗戶太小了，不符合現代豪華公寓的要求。解決的辦法很明確，保持原建築的主體，擴大入口和窗戶。」

碰巧川普的口味也有了改變，開始對某些老式建築的細緻裝潢和高雅風格有了好感，同時對南中央公園的兩座大樓也有了新的認識。他逐漸認識到這些樓房對南中央公園的天際線變化有著多麼大的影響。

拆掉巴比松大廈，並在地面上蓋一棟新樓，初步預算爲二．五億美元。假如僅翻修內部，以及擴大所有門窗，整個專案的預算爲一億美元。改造不僅省錢，而且也是個更好的設計方案。

川普完全改變原先設想，還有一個重要的原因。八年當中，他一直伺機想買下南中央公園一百號街對面的聖莫里斯飯店。賣家是兩位鼎鼎大名的地產商哈里．赫爾姆斯勒和洛倫斯．韋恩，問題一直出在價格上。對於他們的開價，川普認爲高出收益太多。他們曾幾次與其他買家洽詢，但都告吹了。

作爲一個經驗豐富的地產商，川普見到這種情況屢次發生後，給赫爾姆斯勒打了個電話，對他說：「我很想買下聖莫里斯飯店，你知道和我做生意，協議一定會兌現的，但我不想依你們開的價。」

赫爾姆斯勒回答說：「不過，你的價太低了。我們反覆談了幾次，最後兩家根據飯店的收入情況，定了一個雙方都認爲合理的價格。」

川普還有張王牌，就是街對面的有一千四百間客房的巴比松大廈，他計劃在買下聖莫里斯飯店後，馬上關掉巴比松。道理很簡單，他可以把巴比松飯店經理查理斯．弗勞恩弗德和所有優秀的人才，調到聖莫里斯飯店。

查理斯是個了不起的經理，可以管理聖莫里斯飯店。此外，習慣住巴比松的顧客也不可避免地改住聖莫里斯，因爲聖莫里斯是南中央公園附近唯一的中等飯店。關掉巴比松後，川普自然會流失一部分客戶，但買下聖莫里斯飯店使他又得到了許多客戶。在川普的預計裡，聖莫里斯的住房率和收入至少可以增加二十五％。

銀行基本上同意這筆生意，馬上給他貸款，金額超出了他的買價。簡言之，川普不用花自己的一分錢，就買下聖莫里斯飯店。

簽訂合約時，哈里・赫爾姆斯勒翻看文件時看到了他的抵押貸款金額，不過並不顯得吃驚，其實這筆生意對他們兩人都不錯。因爲，赫爾姆斯勒在多年以前沒花什麼錢就買下了這座飯店。

川普在一九八五年九月買下了聖莫里斯飯店，不久便關掉了巴比松大廈。第一年，聖莫里斯飯店的收入增加了三十一％，比他預計的更高，經過更有效的管理，利潤率提高了將近四倍。

一億美元的利潤

對於南中央公園一百號住戶們的指控，川普覺得是時候著手解決了。由於他不再打算搬空並拆掉這座樓房，侵擾的指控便不再對他構成威脅。這時候，他的律師們勸他做點讓步，儘快結束這種不愉快的局面。

具體來說，這些律師建議，讓居民們放棄指控爲條件，把這座樓房以一千萬美元的價格賣給他們。

表面看，這筆生意並不壞，收了一千萬，川普也能獲得一大筆利潤。但川普說不行，他不能忍受用戶用侵擾爲理由，以比市場低的價格買下這座樓房的行爲。

於是，這些住戶和他們的律師，失去這次賺錢的好機會。

到了一九八五年八月，高等法院判決侵擾案證據不足。

律師們一直在討論調解方案，一九八六年下半年，幾乎所有的住戶都同意放棄指控。由於川普不再想拆樓，同意放棄要住戶遷出的訴訟，並同意簽定新的租房協議。川普還表示，所有同意這個協議的住戶可以免交三個月的房租，不久，所有拒付房租的住戶都同意補交房租，金額超過了十五萬美元。

與此同時，川普著手巴比松大廈改造工程。首先，他雇用了一家叫做赫斯的公司進行樓房打洞的工作。幾個星期後，赫斯公司把巴比松的小窗戶都打成巨大的觀景窗。川普認爲，爲迷人的景觀花點錢是値得的。對即將被新建樓房充滿的市場，川普推出了一個獨特的產品：時髦和傳統結合的最新穎住房。

大樓的精緻裝潢被保留了下來，包括頂層的皇冠。一些獨具的特點，像公寓中十二英尺高的天花板也被保留了下來，沒有一家開發商會考慮建這樣的新樓，因爲費用太高了。同時，翻修過後的大樓增添了幾項現代化的色彩，新式的管道、光滑的牆壁、全新的線路、高速電梯，還有巨大的特莫普恩式窗戶。

新大樓改名爲「川普高級時尚住宅」，預計在一九八七年秋季完工，但在一九八六年十月，川普就將它推向市場。在接下來的八個月內，賣掉了八十%將近二百七十套公寓房。有的人一口氣就買了了幾套公寓，花了二千萬美元。

在大樓的住戶尚未遷入之前，川普公司在這個專案上的總收入已超過二・四億美元。這還不算他在南中央公園一百號和大街旁商店的收益。

南中央公園一百號的住戶保住了他們的住房，中央公園保留了兩座傳統的建築，市政府收到了更多的稅金。至於川普，則在這樁許多人都認爲必將慘敗的生意中，得到一億美元以上的利潤。這份功勞大部分應歸功於住戶們成功地拖住了他。

10
Chapter

沃爾曼溜冰場

記者會在鋪了一層基礎的溜冰場舉行，竟然有三四十名記者、攝影師出席這次現場招待會。第二天，各家報紙都寫下這樣的標題：川普給溜冰場帶來了冰的奇績、川普給沃爾曼蛋糕澆上了一層冰花……

溜冰場的專案

紐約市中央公園裡有一個公共溜冰場，從一九八〇年開始，紐約市政府爲了維修冰場，歷時六年半，花費了一千三百萬美元，結果卻把一座原本可以使用的冰場變成一個混凝土池子，完全沒有製冷效果。

川普的大廈就在不遠處，每次從高樓向下看，都能看到無數的工人坐在冰場上聊天，就是不知道如何完成這項任務。

當時，這個市政工程成爲紐約市的恥辱。耗了幾年以後，一九八六年五月二十二日，《紐約時報》頭版登載了一篇報導，說紐約市政府和官員們已決定在中央公園重建沃爾曼溜冰場，如果一切順利，這項工程將在大約兩年後完工。

川普認爲，這件事情實在離譜得讓人難以置信。

首先，根據以往的經驗，市政府根本沒有理由讓大家相信事情會這麼順利。一九五〇年建成的沃爾曼溜冰場因爲需要改建，於一九八〇年六月關閉。恰巧在一九八〇年六月，川普也爲川普大廈舉行了動工儀式。川普大廈有六十八層高，其中六層爲商業區，還有幾千平方英尺的辦公室和二六三套公寓。兩年半後，川普按期按預算完成了整棟大廈工程，但沃爾曼溜冰場的改建仍在進行。

從川普的新公寓，可以看到沃爾曼溜冰場的全景，但這景色一點也不雅觀。雖然已經耗費了千百萬美元鉅資，但很明顯，工程竣工仍然遙遙無期。三年時間又過去了，又花了幾百萬美元，但事情只是變得更糟。實際上，市政府不得不被迫宣佈一切從零再開始。

川普對建溜冰場是個門外漢，但對建築還略知一二。他深信，如果他能用兩年半的時間建起一座摩天大樓的話，當然可以用幾個月時間建成一座溜冰場。兩年前，當這項工程陷入混亂之際，他給公園管理委員會主席亨利．斯坦恩打了個電話，提出免費從市政府手中接過這個工程，但對方回絕了。

現在看到新的災難又要開始，川普又給亨利．斯坦恩打了電話，並重申他的建議。亨利又做了同樣的答覆：「不必了，謝謝。」

亨利態度傲慢地說：「我們自己能做好這件事。」

川普諷刺說：「好極了，亨利，但不要忘記，你在兩年前也說過同樣的話，看看現在怎麼樣？」

不久，川普決定給紐約市長埃德．科克寫一封措詞強硬的信。他認爲自己能幹好這項工程，還認爲這個溜冰場是成千上萬的紐約人，包括他的孩子們有權享用的一項娛樂設施。

川普在信的開頭這樣寫道：「親愛的埃德，多年以來，我驚訝地看到市政府在重建沃爾曼溜冰場專案上一次次地違背了自己的諾言和保證。建造溜冰場的主要工作是在冷卻管道上澆灌水泥地面，這項工程應在不超過四個月內完成。現在，市政府在耗費六年的時間之後，還要用二年的時間才能完工，這對所有希望在這座溜冰場上重新溜冰的廣大紐約民衆來說，是無論如何都不能接受的。我和所有的紐約人都看夠了沃爾曼溜冰場的慘狀了。在這個簡單的工程上所表現的無能，無疑是貴政府的最大恥辱之一。我十分擔心兩年後人們可能仍不能在溜冰場上溜冰，那時，您將向廣大公衆做何解釋？」

在這封信的最後，川普說出了他的目的：「我建議由我出資建造一座嶄新的沃爾曼溜冰場，並在今年冬天正式開業。我將以公平的市場價格從市政府手裡租下這溜冰場，並在完工後加以妥善管理。」

川普於五月二十八日給埃德．科克寄出這封信，很快市長給了他回信。令他吃驚的是，市長把他的建議大肆貶低一番，並且說市政府不能讓川普管理這座溜冰場，但樂意讓他贊助三百萬美元的重建費並監督這項工程的實施。在這封回信裡，市長說了些譏諷的話後，這樣結束了全文：「我恭候您的答覆。」

市長的信和語調激怒了川普，憤怒之下，他故意向新聞界透露市長的回信。新聞界最喜歡發生爭鬥，也喜歡極端事件，不論是偉大的成功，還是可怕的失敗，很顯然這個事件具備了一切必要的新聞性。大多數記者都愛把自己當做消費者的辯護士，最氣憤的是某些人損害了公衆利益後竟然若無其事。他們認爲市政府在沃爾曼溜冰場的可恥慘敗，絕對是件極佳的新聞素材。

新聞界完全倒向川普一邊，一連三天，湧現不少文章和社論，抨擊科克對他的建議的反應。

《每日新聞》的一篇社論說：「埃德政府對唐納．川普重建中央公園沃爾曼溜冰場的建議不置可否，採取了模稜兩可的態度。這是爲什麼？這個建議是眞誠的，而且不帶任何苛刻條件。科克應該抓住它，然後長長地舒口氣；這下，一個沉重的包袱總算被甩掉了。可是到目前為止，市長卻虛偽地回覆……也許，問題在於科克之流對他們在沃爾曼溜冰場上浪費掉一千二百萬美元感到害臊了。」

《紐約郵報》則寫道：「川普提出接手沃爾曼溜冰場，在十一月底以前啓用，並且不需市政府花一分錢，在這場歷時多年，浪費數百萬的大災難面前，市政府會高興得跳起來？不，市政府官員寧願止步不前，也不願做筆交易。市政府應該儘快聽聽川普的意見，這場沃爾曼的鬧劇已演得太久了。」

《新聞日報》也諷刺說：「讓市政府自己去幹吧，畢竟他們已經證明自己什麼也幹不成的。」

不得不說，川普的確是個操縱媒體輿論的高手。

和政府打交道的經驗告訴他，唯一能觸動政府的力量就是輿論，更具體地說是對輿論的懼怕。對他們施加壓力，討好或威脅，甚至捐出大筆政治捐款，他們都能夠無動於衷，但只要製造輿論，即使在一家沒沒無聞的刊物上登一點點對他們不利的話，他們就會馬上跳起來。不好的輿論等於失去選票，若是選票失去太多，就意味著不得不退出政治舞台。

果然，輿論界剛一發起攻擊，科克便馬上來了個一百八十度大轉變。川普明顯感覺到，市政府開始乞求他接下沃爾曼溜冰場的專案。

到了六月六日，市政府官員，包括亨利．斯坦恩在川普的辦公室坐下來，討論重建沃爾曼溜冰場的條件。在這之前，市政府一直堅持按市政府出資的其他專案那樣公開招標。

川普提出了一個簡單的解決辦法，由他個人出資負責工程的所有費用。同時，他的投資從溜冰場的利潤中回收，不管用多少年。換句話說，他不僅僅監督工程，還借給市政府三百萬美元，如果溜冰場沒有利潤，這些錢就永遠收不回來。

市政府拒絕接受這個建議，因爲認爲溜冰場是公共事業，政府絕不允許一個商人從溜冰場中賺取利潤。

川普解釋說：「不對，你們誤解了我的意思，如果溜冰場的確賺錢，我只能用它減少我給市政府的貸款，而不是在追求個人利潤。如果我確能收回我的投資，我將把所有的利潤捐給慈善單位。」

然而，令川普和律師吃驚的是，市政府寸步不讓，提出了一個反建議。他們要川普仍投入三百萬，作爲避開公開招標的一個辦法，工程竣工後，市政府就會把全部貸款還清。

經過雙方反覆談判，最終達成了協定，待市府預算委員會批准後生效。川普負責投資並同意在十二月十五日以前完工。屆時，市政府則償還他的投資，但必須在溜冰場運作正常的情況下，而且不得超過三百萬美元，如果他節省了預算，市政府只付給他實際開支；如果超過預算，超出部分由他自己負擔。

這樣，市政府終於把這個工程轉包給川普。

尋找最好的施工隊伍

儘管拿到溜冰場工程的承包合約，但川普並沒有相關技術背景，也不會做設計。不過，他知道找位於佛羅里達的公司設計溜冰場製冷工程是個壞主意，這就好像聘請總部位於熱帶地區的工程公司來做冰雕設計一樣。

他接下來要面臨的挑戰，是儘快地建成溜冰場，而且要確保品質。他對建造溜冰場的技術問題一無所知，便四處打聽，尋找最好的溜冰場施工隊伍。按邏輯推理，最好應該去加拿大，溜冰對加拿大人來說，就像棒球之於美國人一樣。他估計，最好的建築隊一定是給加拿大職業溜冰球隊修冰場的建築公司。

川普問了很多朋友，每個人都說總部設在多倫多的西克公司是上乘中的上乘。除一些重大項目外，他們還建造了蒙特婁奧林匹克溜冰場。

川普打電話找到了西克公司的最高主管，直截了當地問了一個基本問題：「修建一個巨大的室外溜冰場需要什麼？」

於是，對方簡單地給川普上了一課，讓他了解到關鍵問題是選擇哪種製冰系統。市政府原先選擇了一種較新的技術，這種技術的製冷媒介用是氟里昂。優點是耗電較少，不利的是氟里昂系統運作不穩定，維修困難，特別是在一個公共專案中，人員變動頻繁，品質更無法保證。在採用氟里昂冷卻系統的溜冰場中，至少有三分之一都遇到了麻煩。

另一種系統是以鹽水製作冷卻媒介，這種系統在上百個溜冰場中已經用了幾十年。它比氟里昂的成本略高，但好處是十分穩定而且非常耐用。洛克菲勒中心的溜冰場自一九三六年開業後一直使用鹽水系統，迄今爲止從未遇到過大的故障。

通完電話後，川普已決定在重建沃爾曼溜冰場這項專案中使用鹽水系統。市政府實際上也得出了同樣的結論，不同的是他們浪費了六年時間和數百萬美元。

川普很快發現，市政府在沃爾曼溜冰場的無能已滲透到了各個環節。

六月十六日，他接手溜冰場的一週後，市政府在一份報告中透露了過去六年裡在該專案中的種種錯誤。

這項報告花了十五個月才完成，比川普重建的時間多出四倍。

市政府因改建而關閉這座溜冰場的時間是一九八〇年六月，完成設計和招標工作已差不多過了一年。一九八一年三月，鋪設大約二十二英里長的氟里昂冷卻系統銅管的工作終於開始。

然而這時，公園管理委員會卻對壓縮機房的位置和製冷設備的選用有了新的想法。於是，用於操縱溜冰場冷卻系統的設備安裝工作停止了。

一九八一年七月，一次暴雨淹沒了溜冰場，給剛剛鋪好的管道上蓋上了一層淤泥。直到九月份，公園管理委員會才開會決定雇用一支施工隊進行修復。

與此同時，公園管理委員會內部對環繞溜冰場的人行道該如何設計產生分歧。結果，在這場辯論激烈進行的過程中，澆灌水泥的工作，被擱置了幾個月。冬天到來後，新鋪設的管道裸露在嚴酷的氣候中，遭遇了幾次暴風雪、幾次洪水。此外，銅很值錢，破壞分子翻牆而過，割下一段段銅管拿去賣錢。

到了春天，這片二十二英里的管道，看上去就好像經歷了一場戰爭。儘管如此，也沒人想到應該檢查一下損壞的程度。

對製冷設備安放地點遲遲沒有定論，當市政府經過十六個月的深思熟慮做出決定時，承包商卻堅持要求對原協議做「修改」。說白了，就是要多收錢。這項談判又花了十二個月，直到一九八三年七月，市政府批准了新合約，製冷設備的安裝工作才得以再次進行，到一九八四年九月完成。

一九八四年秋天，溜冰場終於進行檢驗。然而製冷系統無法在規定時間形成冰面，水泥地面下的管道有多處滲漏，儘管進行了修復，仍不能製冰。

就在這時，川普給亨利·斯坦恩打了第一通電話，要求接手這項工程。遭到拒絕後，川普說：「聽著，亨利，你願意一起走過去看一眼嗎？我至少可以提些建議。」

幾天之後，在一個寒風刺骨的冬日，兩人來到溜冰場，眼前的景象使川普驚訝不已。水泥表面有上百個裂縫，還有許多張著口的大洞。經過詢問，才知道這些洞是鑿開來尋找下面的管道滲漏處的。強悍的工人們用這些強悍的鑿孔機，無疑讓下面的管道雪上加霜。

川普對亨利說：「這裡的問題很嚴重，你永遠找不到滲漏的地方，相反的，只會增加新的滲漏。忘掉它，重新開始吧。」

但是，亨利很客氣地拒絕了，重新開始是他最不願意做的事。

一九八五年春，市政府想出了個極妙的主意，花了二十五萬美元，雇了一家工程諮詢公司來研究爲什麼氟里昂會從管道中漏掉，並提出解決方案。這家公司答應四個月內拿出報告，然而九個月後，該公司宣佈他們無法分析出滲漏的原因。

到此爲止，沃爾曼溜冰場因改造而關閉的時間已長達近六年，共耗資一千三百萬美元。公園管理委員會最後得出結論，應放棄使用氟里昂系統，改用鹽水系統。一九八六年五月二十一日，市政府宣佈了耗資三百萬美元、爲期十八個月的改造工程。

在這種情況下，川普接下了這個工程。

他又將面臨著一個巨大的挑戰。

四個月完成施工

一九八六年六月中旬，紐約市預算委員會批准了川普和市政府的合約。

接下來，川普發揮了高效率行事風格，雇用西克公司安裝冷卻設備和管道，並擔任該系統的總顧問。至於溜冰場的建築，他雇用了HRH建築公司，這家公司曾建造凱悅飯店和川普大廈，是一家高品質的總承包商。對於這項工程，他們慷慨地同意只收成本費。同時，與川普有著長期信貸關係的大通曼哈頓銀行，也主動提出借給他所有的建築費，並不收取任何利息，這是一項每個人都願意做出貢獻的工程。

當川普去視察溜冰場時，情況比他想像的更糟。

例如，休息室的頂層盡是張著口的大洞，建築內部遭受嚴重的水浸。走進溜冰場時，看到一堆帆布袋被遺棄在野草叢中，袋子裡裝著些植物，它們本來是用作美化環境的，卻被扔在地上，全都死掉了。

這使這使他聯想起了另一件事，幾年前一個美麗的夏日，大約下午兩點，他步行經過溜冰場，看到在未完工的工地上，大概有三十名工人閑呆著。他以爲他們在午休，大約一小時後，他又一次路過那裡，這些人仍在休息，好像永遠在午睡。

他當時不明白其中奧秘，現在終於知道沃爾曼溜冰場的癥結所在，這裡根本無人負責，從來沒有人檢查工程的進度。

這項工程預計要六個月的時間，按市政府估算，能按時完工，便算是創下奇蹟。川普盤算著，六個月中實際上他有一個月的緩衝期，如果一切進展順利，預計四個月就能幹完。

川普決定把新的溜冰場建在老溜冰場之上，而不是把老冰場拆掉。八月一日，川普公司已爲新的溜冰場鋪上了一層基礎，準備鋪設管道，然後澆注水泥，鋪一個平底溜冰場。西克公司則日夜加班建造兩座巨大的三萬五千磅重製冷設備。

接手這個項目之前，川普沒意識到沃爾曼溜冰場有多麼巨大，它占地四分之三英畝，是全美最大的人造溜冰場。

開工之前，川普被記者包圍了。過去對建築毫無興趣的記者們，突然想了解安裝管道、澆注水泥和建造壓縮機房的細枝末節。

川普決定舉行一次記者招待會。八月七日，記者會在鋪了一層基礎的溜冰場舉行，竟然有三四十名記者、攝影師出席這次現場招待會，其中包括當地各家電視台的代表和兩個電台的代表。不過，川普沒有驚人的消息要公佈，只說工程一切順利，預計在十二月份啓用。第二天，各家報紙都寫下這樣的標題：川普給溜冰場帶來了冰的奇績、川普給沃爾曼蛋糕澆上了一層冰花……

川普很喜歡舉行記者招待會，經由這次記者招待會，成功達到了他的目的。這座溜冰場的故事不僅引起紐約人的注意。許多像邁阿密、底特律和洛杉磯這麼遠的地方，媒體也對此做了長篇報導。《時代週刊》用了整整一頁報導這件事。川普向人們傳遞了這樣一個訊息：這是一場可讀性很強的顯示政府無能和私營企業效率的好戲。

九月七日至十日，川普公司鋪設了二十二英里長的管道。九月十一日，裝滿水泥的卡車排成了長龍，開始連續十小時的水泥澆灌。第二天，工程師檢查了水泥澆灌的品質，地面非常標準。九月十五日，新造好的製冷設備在改造過的壓縮機房安裝完畢。唯一的困難是氣溫，澆注水泥的那天，氣溫高達華氏八十七度。

九月底，所有的製冷設備安裝完畢，然後需要在氣溫華氏五十五度以下，連續四天進行冷卻試驗。不料，一連兩週，氣溫都高出季節的正常溫度，川普心急如焚，有生以來第一次盼望冬天快點到來。

十月十二日，氣溫終於下降到五十五度以下，並且持續了幾天。十月十五日，川普的施工團隊對新設備進行測試，把鹽水灌進管道中。沒有發現滲漏，壓力保持正常。那天晚上雨後初晴，溜冰場結出了美麗、透明、瑩光閃閃的冰。

從川普得到批准之日算起，到全部完工，還不到四個月的時間，還從三百萬美元的預算中節省了七十五萬美元。在市政府批准下，川普用剩下的錢改造了與溜冰場相連的休息室和餐廳。

不久，川普接到前任公園管理委員會主席格登·戴維斯的一封信。戴維斯在信裡誠懇地說：「作爲對溜冰場早期問題的負責人，我很高興和寬慰地看到錯誤被極有效地糾正了。」

戴維斯並不是唯一應對此負責任的人，但給予川普觸動極深的是他的姿態，這與當初亨利·斯坦恩的態度形成了鮮明的對照。

不久之後，溜冰場舉行了盛大的開幕慶祝活動，前溜冰冠軍迪克·巴登和桑諾娃·斯坦德勒出面號召，把很多溜冰運動員和幾支溜冰運動隊都邀集來舉行一次表演，這是一次令人難忘的盛會。

如果市政府把已經完工的溜冰場交給一家二流公司管理，可能仍會有個糟糕的結局。而且正常招標會使溜冰場推遲重新開放時間，於是市政府讓川普在第一個冬季暫時管理這座溜冰場。

於是，川普四處尋找最好的溜冰場管理公司，最後由帕克斯公司負責管理。這家公司專門舉辦精采的表演，同時還管理著全國幾家最好的溜冰場，他們把沃爾曼溜冰場管理得井井有條，完美無缺，溜冰場不僅秩序良好，而且效益可觀。

重建以前，由市政府管理溜冰場時，毛利爲每年十萬美元，最多也沒超過十五萬美元。重建後，雖然門票比任何私營溜冰場都低，但第一個冬季的收入達到一百二十萬美元。扣除開支後，利潤超過五十萬美元，所有這些錢，川普都交給了慈善機構和公園管理委員會。最重要的是，紐約市五十多萬溜冰愛好者在沃爾曼溜冰場得到了全新的樂趣。

11

Chapter

締造商業帝國，成就人生贏家

川普一直在培養這種始終領先對手半步或一步的意識與能力，他在自己的生意中堅持這個理念，每一步都堅持這樣做，整個團隊和企業才能真正保持業界第一，成為領域的龍頭。

一生中最難做出的決定

川普能夠一手締造出如此龐大的商業帝國，絕不是僥倖得來。他的大半個人生跌宕起伏、精采紛呈，在很多人看來，也許只要到達其中任何一個目標，這一生就已經是非常成功了。然而，爲什麼川普能夠孜孜不倦地一路走下來，囊括了所有成功呢？

也許，答案只有一個：「夢想實現後，就再來一個新的夢。」

一九七九年，川普放棄了對西區地段，即第五十九大街和第七十二大街之間那片沿河一百英畝土地的優先購買權，這是他一生中最難做出的決定。到了一九八五年一月，他又把這片土地重新買了回來，則是他一生中最容易的決定。

沒有人會懷疑，這是當時美國最大的也是最好的處女地。有媒體說川普花了九千五百萬美元買下這塊地，差不多一百英畝。到了現在，曼哈頓的不動產價值差不多上漲了五倍，即使他一棟樓都不蓋，光賣這塊地也能賺很多很多錢。

雖然很多人都看好這個地段，不過，川普卻拒絕了許多買主，在他買下西區地段不久，另一夥開發商用五億美元買下了只隔幾條街的哥倫比亞圓形劇院地段，那塊地比川普的西區地段要小得多。

川普之所以能拿到這樣的好價格，是因爲銀行急於抽回開發商的抵押權，他在這塊土地還沒有上市拍賣前就做成這筆生意。同時，也因爲他是付得起在開發之前每年數百萬土地閒置費的少數開發商之一。

川普很善於抓住低價買地的機會，一九七四年，從賓州中央鐵路公司拿到西區優先購買權，就是他做的第一筆大生意。

那時，紐約市瀕臨破產，沒人願意住在西區。但川普堅信一點：用最低價買下曼哈頓中心沿河地段是不會吃虧的。但在後來的五年中，當地民眾反對在西區建造任何設施的浪潮達到高潮，銀行也不願對任何大型開發專案出資。最重要的是，川普正忙於其他項目，包括凱悅飯店、川普大廈和他在大西洋城的第一座賭場。

於是，他選擇放棄優先承購權。

在川普的個人收入還很有限時，他也不想負擔太多的土地閒置費。

在其他生意中，川普得到了大筆的固定收入，足以支援任何規模的土地閒置費。他還創造了成功的記錄，使得銀行幾乎願意爲他的任何生意出資。

放棄優先購買權後，賓州中央鐵路公司把西區地段賣給了阿比．赫斯菲爾德。不久後，阿比又找了個新夥伴法蘭西斯科．馬克里，這傢伙在他的故鄉阿根廷爲政府修橋發了財。根據與赫斯菲爾德的合約，馬克里將全面接管這個專案，赫斯菲爾德佔有很大一部分股份，但不參與工程建設。

馬克里的人馬很精幹，但缺乏實際經驗，特別是在紐約這個從事地產生意非常困難的城市。

在曼哈頓開發大一點的地，第一要得到所有的批准文件。重新規劃是件十分複雜、政治性極強，而且十分耗時的工作，需要與一打的市、州政府部門，還有當地社區和政治家們打交道。馬克里最後終於得到了命名爲「林肯西區」專案的規劃核准，但在過程中，他向市政府做出太多讓步，最後賣掉這塊地成了最好的方案。因爲按他同意的條件，他會虧損幾億美元。

馬克里試圖把修橋的經驗用在建公寓上，當作爲政府修建一座橋樑，算好開支、確定總費用之後，所需要的只是按預算完工，利潤就到手了。但開發房地產是另一種完全不同的遊戲，可以做出工程預算，卻無法準確算出項目的收益，獲得多少收益全憑市場的恩賜。每套公寓的成本是多少，花多長時間賣完，期間花多少經營成本，這些都是工程成敗的關鍵，剛開始時花得越少，後來的風險也就越小。

相反，馬克里用了三年時間做了大量的饋贈。

市政府總是用專案批准作爲籌碼，儘量多要錢，一次又一次地叫馬克里讓步。一開始，馬克里同意提供三千萬美元重新改造專案附近的第七十二大街地鐵車站。然而這項工程只不過是要擴大四英尺的月台，三千萬美元足夠重建一座地鐵站了。

然後，馬克里又宣佈花五百萬美元把工程內的一座火車平板車廂遷到別處。後來，他又同意花三千萬美元在西區內建一座公園。再後來，他又同意修一條與市橄欖球場相連的馬路，這項工程估計要耗費幾億美元。

更可怕的是，馬克里最後只獲得在一百英畝地段上修建四千三百套公寓的批准，這個密度還不如郊區六層樓住宅區。

西區的反開發力量根本用不著與馬克里作戰，他已成爲自己最危險的敵人。

馬克里最後的錯誤是從未著手西區的宣傳工作，造成激動人心的局面。在他擁有這塊寶地的四年中，沒有一篇報導文章，甚至「林肯西區」這個名字也沒展現出這裡是美國最大最具有發展潛力的土地，只是標示這是一項位於林肯中心西部的工程。

在紐約，賣掉一座有一百五十套公寓的豪華大樓，需要兩年的時間，並且是在市場景氣、促銷工作做得很好的情況下。在一個新開發區，要賣掉幾千套公寓，意味著貨色必須有獨特的風格，同時還要強而有力的促銷手段。

馬克里這兩點都不具備，他設計的林肯西區不過是一群和其他公共住房毫無兩樣的一般樓房，沒有任何驚艷之處。所以，他在三年中找不到任何銀行建設貸款，根本不足爲奇。

最好的生意是各取所需

到了一九八三年下半年，馬克里的個人資金出了問題。福克蘭群島之戰損害了他在阿根廷的商業利益。此時，他的設計費、諮詢費和日常開支已超過一億美元。在無可奈何的情況下，他開始拖欠從大通曼哈頓銀行借到的買地貸款利息。

這時候，一直關注著馬克里的川普，意識到自己的機會來了。

一九八四年春，川普得知馬克里出了麻煩，準備賣掉這片地，立即去見馬克里，開始一場曠日持久的的談判。

川普知道，馬克里目前急於賺點錢然後跳出這個坑，銀行正掐著他的脖子，使他喘不過氣來，必須抓住這一點使勁壓價。

到了一九八四年十一月，雙方終於談妥了，價格爲大約一億美元現金，大通銀行同意資助這筆生意的大部分。

馬克里同意賣給川普的原因之一，是川普曾在很久以前幫助過他。先前他們第一次見面後不久，曾談妥一項土地買賣的臨時性協議。當時，馬克里還沒最後下決心，但同意先和簽一份意向書。

任何人在房地產生意中，特別是在紐約房地產，都要學會一點，就是永遠不要簽定任何意向書。一份看似內容簡單，不具任何法律效力的意向書，就可能要你打半輩子官司。

馬克里不懂這點，川普的律師傑里·施萊格又起草了一份約束力極強的意向書。結果，幾個月後，馬克里反悔了，打電話要求撤回這份意向書，川普拒絕了。但當馬克里要求見面時，不知出於什麼原因，川普動了側隱之心。

按照川普後來的解釋，他是出於欣賞馬克里的坦白精神。於是，當著馬克里的面，川普從文件夾裡拿出這份意向書，把它撕成兩半，然後對馬克里說：「如果你以後想再賣這塊地，希望你首先考慮我，另外，祝你好運！」

川普把此事告訴他的律師施萊格時，施萊格有點不太高興，但川普堅信，他把這封可能有約束力，也可能沒有約束力的意向書撕掉的做法是正確的。

一九八五年，川普和馬克里簽完合約之前，腦中已形成了基本框架。他打算只在一條街上建比馬克里少得多的樓房。景觀是促銷中最重要的一點，他要讓每套公寓或者毫無阻擋地眺望哈得孫河，或者看到非凡的市區建築，或者兩者都能看到。他還打算把大樓造得比馬克里設計的大上許多，以便充分利用景觀。川普相信，高樓能使整個項目更加惹人注目、更具誘惑力。

在大樓前面的沿河地段，他準備建一座巨型綜合商場。曼哈頓西區最需要的是商業服務，像巨大的超級市場、鞋店、化妝品商店、百貨店。百老匯、阿姆斯特丹大街和哥倫比亞大街一帶的鋪面租金貴得嚇人，把一大批小商店都嚇跑了，在哥倫比亞大街買一雙一百美元的鞋比買一塊麵包容易得多。川普取得的地價便宜，這樣一來，就可以把店面用便宜的租金租給零售商。

爲保持計劃的完整性和可行性，川普不惜等待多年，哪怕等到市政府換屆，也要拿到他從經濟角度考慮認爲合理的規劃批件。

他的首要目標，是使他的計劃儘量與馬克里的計劃保持距離，與那份專案有任何牽連，只會對他造成不利。他要讓市政府對他的規劃感到振奮，進而批准它。關鍵是要找到一個互利的方案，川普認爲，最好的生意是雙方都能從對方手中獲得自己需要的東西。

走運的是，在他買下這塊地後的一天早晨，他拿起報紙，忽然萌生一個主意。一直把總部設在洛克菲勒中心的ＮＢＣ廣播電視台正在尋找新的總部地點，由於紐澤西州的稅率和土地使用費比較低，他們很可能把總部遷到河對面的紐澤西州。對紐約市來說，失去一家大公司不是件好事情，特別是ＮＢＣ公司。

從經濟角度來看，據市政府經濟發展部估計，如果ＮＢＣ搬走，紐約市將失去四千個就業機會和一年五億美元的收入。此外，心理上的損失也同樣嚴重。丟掉一家沒沒無聞的製造工廠是一回事，丟掉一家使紐約成爲世界新聞大本營的關鍵性公司又是另外一回事。

這樣一家全國第一大、品質最高的廣播電視公司，是不能用金錢來衡量價值的，就好像是爲紐約估價時不能不考慮帝國大廈和自由女神像一樣。

在西區中，川普有些其他開發商無法比擬的條件：遼闊的地域，可以建造巨型的好萊塢式單層攝影棚。

ＮＢＣ在洛克菲勒一百二十萬平方英尺的建築面積上都能擠下來，而他卻可以給他們二百萬平方英尺，同時，並不影響自己的其他開發專案。另外，由於這塊地價非常低，他可以用比紐澤西州更便宜的價格提供給他們。

但爲了有效地與紐澤西州競爭，川普需要市政府給他減稅待遇，因爲讓NBC留下來也符合市政府的經濟利益。

這個主意實在是高明，即使NBC最後不能遷到他的地段上來，這裡仍然是建造電視、電影拍攝場的理想之地，不管有沒有NBC，攝影場是個好項目。

在未得到NBC的明確態度之前，川普已確定了心中這個想法，他的第一步，就是把它命名爲「電視城」。

電視城的專案

在確定電視城這個專案之後，川普接下來要做的是找出一個能引起民眾豐富聯想的途徑，民眾越早注意這個項目，吸引買家就越容易。

許多開發商是先建設後宣傳，或根本不宣傳，但川普顯然不想如此。甚至在買下西區地段以前，川普就設想過在此建造世界最高的大廈，但後來芝加哥修造了威利斯大樓，奪走了這一稱號。

川普希望把世界上最高的大樓遷回紐約，這裡才是它應該待的地方。

就這方面而言，川普把這座大廈當做是筆賠本買賣。任何超過五十層的建築，建築費都將以幾何數字增長。如果獲利是唯一的目的，那麼，建座五十層的樓房，遠比建一座一百五十層的摩天大樓經濟實惠得多。

但從另一方面看，川普相信這座大廈將成爲吸引旅遊者的觀光設施，誰能算得清會有多少旅遊者前來參觀？

一九八五年夏天，川普找到了和他一樣對這個項目滿懷激情的設計家瓊恩，並聘雇他爲這個項目的總設計師。到了秋天，他們擬定出了足足一打的設計方案。他們兩人都感到這塊地是那麼寬闊和神奇，完全沒有必要考慮與周圍環境是否匹配。他們準備把它設計成一個外觀、特點與周圍環境截然不同的獨立城市。

不過，在當時的情況下，很多人，包括一些住在西區的人，都不知道這塊地的存在。於是，川普對外宣傳，他將在這片土地建造世界第一高樓，一時之間，創造了巨大的媒體效應。

十二月十八日，川普舉行了一次新聞發佈會，公佈了專案規劃。幾年前馬克里爲他的林肯西區努力時，新聞界根本沒理睬他，這次，足有五十名記者出席了發佈會。川普列舉了基本內容：他們希望把NBC作爲電視城的主要住戶；他們準備建造一個集商業、住宅和零售店的綜合性大樓，總面積爲一千八百五十萬平方英尺。這個專案將包括八千套住宅、三百五十萬平方英尺的電視電影攝影棚和辦公室，有一百七十萬平方英尺的零售面積、八萬五千一百個車位的停車場，以及差不多四十英畝的公園和空地、一座十三層樓高的人造瀑布。在中心地點將矗立起世界最高建築，一千六百七十英尺高，比芝加哥的威利斯大樓高出大約二百英尺。

川普這個設計的美妙之處，在於風格簡練、規模宏大、氣勢壯觀。除了這座世界上最高的大樓外，他還將建造另外七幢大廈，三座在北面，四座在南面。在大樓的前面將建造三層平台建築，包括停車場和封閉式購物中心，在它的上面將修建一個行人散步區，高度比前面的西區高速公路略高一點，這樣可以將河上的景色一覽無遺。此外，還留出足夠的空地修建公園。

總之，他的設計規劃比馬克里的大一倍，即便這樣，還是比許多擠在鬧區的小開發區建築密度要小。

川普發現，多數記者對開發專案的具體細節並不感興趣，他們一般都從感情角度看問題。開會前，他準備了許多有關建築密度、交通和大樓用途方面的答案，結果所有的記者都只問世界最高建築的情況，它給整個項目增添了一種神秘的色彩。

新聞媒體對這項專案的反應並非都是積極的，但他已做了充分的準備。

媒體上的意見分歧，正好使這個項目能一直成爲新聞焦點。批評者們堅持認爲建這座高樓根本沒有必要，不會有人願意住在這樣高的地方，而且川普也根本不可能造出這麼高的樓房。

《新聞週刊》用一整頁篇幅來評論此事，標題是：唐納．川普傲慢的野心。

《紐約時報》也發表一篇社論，寫道：「時間本身能夠檢驗偉大的理想和空洞的幻想之間的區別。唐納．川普一百五十層大廈的設想到底屬於哪一類？現在要做出判斷還爲時過早。」

還有人說：「唐納．川普並未失去理智，但是人並非完全靠理智活著。唐納．川普像曼哈頓的天際線一樣，代表了美國人的個性，並具有共和國公民那種驚天地、泣鬼神的創業精神，因爲，他堅信夢想是可以變爲現實的。川普說正因爲這座超級摩天大樓的不必要性，才決定了其必要性，他相信人們對建築物有著非同一般的狂熱，在這一點上他可能抓住了問題的要害。性急、熱情和銳氣，正是這個國家的精髓。」

一九八六年春季，川普的專案在市計委仍處於擱置狀態，主要原因是由於埃德．科克領導下的市政府幾乎處於癱瘓。對紐約市政府的官僚和無能，許多公司以搬遷作爲抗議手段。一九八七年初，世界最大的公司之一美孚石油公司從紐約遷往維吉尼亞。沒過多久，另一家大公司J．C潘尼公司也宣佈要遷走，並帶走了成千個就業機會，緊接著，NBC公司也威脅說要搬走。

一九八七年二月下旬，《每日新聞》登載了一篇社論，把市政府的窘境描繪得恰到好處。社論說：「NBC的遷移將給這個城市一記沉重的打擊，它會造成大量人口失業，收入銳減，威信降低。」

這篇社論接著談到川普的西區計劃的意義，「電視城爲挽留住NBC公司提供了一個良機，但要使它變爲現實還要走很長的路，這個專案必須通過市政府的批准。在這個過程中，不論是官僚主義者們的遲鈍，還是政治上的膽怯都可能扼殺它。人們並不要市政府盲目地接受川普的計劃，但也不要市政府在同意與否決的抉擇面前躊躇不前，沒有任何果斷而有效的行動。市政府的目標是留住NBC公司，但如此膽怯和猶豫，卻可能導致相反的結果。」

川普認爲，事情正是這樣在發展著。早在一九八七年五月，他就向市政府提出一項減稅計劃，這能使他增強與紐澤西州爭奪NBC公司的競爭能力。川普建議，他可以與NBC做筆交易，根據交易條件，由他個人出資三億到四億美元爲NBC建造一座總部大樓。在三十年內，他還負責補貼NBC的房租，每平方英尺僅收十五美元的租金，這比成本還要少一半。最後，川普同意在四十年內，電視城的利潤的二十五％歸市政府所有。作爲回報，他要求在二十年內享受減稅待遇。即使這樣，只有在項目建成後他才可能有收入，而這至少也要等上幾年，與此同時，他卻每年要從自己口袋裡掏出三千萬美元來補貼NBC公司。

在川普的組織中，幾乎所有人都反對他這個建議。羅伯特、哈威、弗萊曼和諾曼·萊溫都認爲在還不知道會有多少收入時，就答應每年給NBC公司三千萬美元的補貼，風險太大了。

不過，川普則認爲，這個風險値得冒，有了減稅待遇，他們的公寓會更好銷。另外，NBC公司在這個開發區落戶對其他人具有很強的吸引力。

對市政府來說，它不會有任何損失。留住NBC，它不需花任何錢，雖然稅收減少了，卻可以從他們最終賺到的利潤中分享很大一部分。

川普的建議，促成了他與市政府的第一次認眞談判。埃德·科克沒有參加，但他手下的市政府官員們對這項計劃似乎持歡迎態度。但到五月二十五日，在談判緊張地進行了三個多星期後，埃德·科克把這項計劃打入冷宮。不久，川普又提出一個新建議，就是用低於他的成本價將八英畝土地直接賣給市政府，科克未經詳細討論，便駁回了這一建議。

有人認爲，川普經常公開反對科克，是影響他的規劃不被批准的主要原因。《每日新聞》對讀者進行了一次民意測驗，看公衆在他們倆誰的一邊，結果差不多一萬名讀者站在川普的一邊，科克的追隨者只有一千八百名。

爲了建設西區，川普已等待很長的時間，如果有必要，他將等下去，不管有沒有NBC公司，也不管是和本屆政府還是下屆政府打交道，他終將建成「電視城」。

當然，川普仍會保留其他選擇，因爲這是自我保護的唯一辦法。如果公寓不動產市場能保持強大勢頭，他就能夠毫無困難地賣掉景色秀麗的河邊公寓；如果市場垮了，這一點在像紐約這樣的國際城市只會是暫時的，他可以僅僅建造購物中心，單憑這個項目他也能搞得非常出色。川普堅信，他的時代，「電視城」的時代終將到來。幸運的是他能夠等待下去，因爲只有這樣才能把夢想眞正變成現實。

一定要重視宣傳的作用

做好廣告宣傳，是生意人必不可少的手段，宣傳不到位，再好的產品也無法佔領市場。川普認爲，就算你可以生產出世界上最好的產品，但是如果人們不了解它，就一錢不値。世界上許多人都具有和一流歌星一樣的好嗓子，但絕大多數只能在自己的車庫裡唱唱罷了，因爲沒有人知道他們。

一個成功的生意人需要做的，是去引起大家的注意和興趣，一定要展開激動人心的宣傳。在宣傳上又有兩種方法，一種方法是花大量的錢雇用公關人員去賣掉你的產品，這也是一般企業普遍選擇的方法。但川普卻認爲，這種方法不一定可靠，因爲這是一種類似雇用外行諮詢專家來研究市場的愚蠢方法，永遠也不會像你親自去做的效果那樣好。

川普凡事總是親力親爲，與其雇用外面的公關人員，不如自己親自上陣。他發現新聞界有一個特點：記者們總是對好的新聞如饑似渴，而且越聳動，他們的興趣就越大。這正是新聞工作的特性，川普深刻理解這一點。

於是，他聰明的大腦開始思考了，如果你有點與衆不同，或有點專橫無禮，或者你所做的事情是大膽的、爭議的，新聞中就會有你的故事。正因爲如此，川普做事總與衆不同，他不在乎爭議，爭議越大，媒體對他越感興趣。同時，川普做生意總是顯得野心勃勃，並且很年輕就已取得了很大的成績。這些特徵本身就讓他具有很強的新聞價值，況且，川普還選擇了非常有個性的生活方式。

結果正如他所願，新聞界總想寫他的報導。

當然，新聞界爭相報導他，並不是他們多麼喜歡他，而是因爲他的身上有新聞點。記者們既做正面報導，也做負面報導，就像報導一個娛樂明星一樣，川普的一舉一動都在媒體的注視之下，優點和缺點一樣暴露無遺。

川普國際飯店大廈位於紐約中央公園西部，這裡視野開闊，整個公園一覽無遺。曾被《旅行和休閒》雜誌和《紐約郵報》評爲最佳飯店。也許很多人並不知道，這座飯店之前叫做海灣西方大樓，是奇異公司公司的辦公大樓，傑克．威爾許、約翰．邁爾斯、戴爾．弗雷等幾任公司董事都曾在這裡辦公。

這座大樓確實顯得有些鶴立雞群，因爲它是中央公園西部爲數不多的幾棟高樓之一。這座高樓落成於二十世紀六〇年代，因爲當時相關的城市建築法規還沒有出現，否則在這片區域是不允許蓋這種高樓的。

這座高樓吸引了很多人的眼光，不僅僅是因爲它的高度，更因爲建築過程中遺留的一些問題，使得裡面的住戶感覺很緊張。一有風颳來，甚至在風速僅爲十五英里的風中，大樓頂部都會有很明顯的晃動感。這棟大樓雖然有抗震性，但是性能並不好，遇到大風天，電梯都會停止，裡面的住戶會感覺猶如在海上坐船一般。有時候風如果特別大，高樓窗戶的玻璃都會掉下，這些鬧劇讓這棟大樓遠近聞名。

不過，如果是從生意角度出發，從被報導本身獲得的利遠遠大於弊。其實，道理很簡單，如果川普在《紐約時報》做一整版廣告，可能要花四萬美元，而關於他的一則花邊新聞，可能會有著同樣的廣告作用，而且不用花一分錢。

不僅如此，新聞的價值永遠比廣告更有意義，因爲不管廣告做得怎麼樣，人們對廣告總是持懷疑態度。但是新聞報導就不一樣，哪怕《紐約時報》僅用一欄的篇幅對川普的一項生意做褒獎，那麼，不用川普花一分錢，它的價值會遠遠超過四萬美元。這就是新聞的威力，媒體的直接報導比廣告要有力度。

川普在和媒體打交道的過程中，還發現一個特別有意思的現象——即使是一篇批評的文章，對個人可能有所傷害，但對你的生活卻很有益處。比如，川普的地產專案「電視城」就是個最好的例子。

川普在一九八五年買下這塊土地時，許多人，甚至住在西區的人並沒有意識到這一百英畝土地的存在，然而，當川普宣佈要在這裡建造世界最高的大樓時，這件事馬上成了新聞。

《紐約時報》把它作爲頭條新聞做了報導，丹·拉瑟在晚間新聞裡宣佈這件事，喬治·威爾在《新聞週刊》寫了專欄評論，每一位建築評論家都發表了意見，許多社論撰稿人也發表了文章。並不是所有的人都喜歡這個建造世界最高大廈的主意，但關鍵是川普們引起了人們濃厚的興趣，這本身就創造出價值。

川普很擅長吸引媒體的主意，在與記者談論時，他的另一個方法是直言不諱。

川普力圖不欺騙他們，也不被動防禦，相反，當記者問川普一個棘手的問題時，他總是努力尋找一個積極的回答，儘管需要一定程度的發揮。例如，如果有人問他建造世界最高的大樓對西區有哪些不良後果時，他便會拋開原題，大談紐約人多麼需要這座奇蹟般的建築重振城市昔日的雄風。

當有記者問他爲什麼只爲富人造樓時，川普指出：「從我樓房中獲益的並不只是富人，我還使數以千計的人們找到工作，否則這些人可能加入失業大軍。另外，我每建一個新的項目，就爲城市增加了稅收。」

川普還指出，像川普大廈這樣的建築，顯然爲紐約新的文藝復興做出貢獻。

川普做宣傳的最後一把鑰匙是虛張聲勢，一次又一次努力地引起人們的幻想。並不是每個人的想像力都是那麼豐富，但在具有豐富想像力的人面前，他們也會激動起來，因此，適當的誇張是無害的。人們總希望相信某種東西是最大、最好和最壯觀的。川普把那些爲了符合人們期望而說出的話稱爲「眞實的誇張」，這種沒有惡意的誇大，恰恰正是一種極有效的宣傳形式。

在競爭中的領先意識

這是一個贏家通吃的時代，無論任何比賽，冠軍只有一個。因此，在競爭中，一定要有領先意識。商場中的競爭就像籃球比賽一樣，往往也是速度的競爭，許多名列全球五百強的企業都有一個關鍵理念，就是要領先對手半步。

一支球隊只有領先，才能奪得冠軍；一個企業只有領先，才能獲得成功。川普在房地產商的成功，得益於他先進的理念和快人一步的行動力。

川普認爲在所有房地產生意中，最大的錯誤觀念莫過於認爲房地產的關鍵是位置、位置、位置，這屬於外行人的觀點。首先，你所想要的並非是最好的地點，而是想要最好的生意。正像你可以創造手段一樣，通過宣傳，你也可以創造一個好的地點。當然，如果本身位置非常好，就像川普大廈，也許不需要做很多的宣傳。

但即使有像川普大廈那麼好的位置，川普也一再強調宣傳比生命還重要。例如，僅有兩街區之隔，在現代藝術博物館上面修建的「博物館大廈」的廣告就做得不好，從未造成一種氣氛，房價也就不能抬到川普大廈的水準。

在川普的經營理念中，建築物的地點與符合時尚的形式是緊密相連的。你可以買下一塊平庸無奇的地皮，然後靠吸引合適的投資者把它變成一個熱門地點。在川普大廈之後，他於第三大道和第六十一大街處修建川普派克大廈，同樣獲得巨大的成功。

川普用很便宜的價格買下這塊地，第三大道在位置上絕不能和第五大道相比，但是川普大廈已經給川普這個名子帶來了價值。

事實上，川普派克大廈的造型也很醒目，看起來十分奇特。一下子便把因沒買到川普大廈最好的公寓而歎息的有錢人吸引過來。今天，第三大道已成爲有身份的人居住的地方，川普派克大廈取得極大的成功。

川普做生意的理念與衆不同，他認爲房地產生意中的眞正財源，並不是靠花大錢買最好的地。這樣做等於自殺，就像買下一塊壞地一樣，即使價錢低，也會賠得傾家蕩產。最忌諱的是花高價買地皮，即使這意味著放過一塊很好的地皮。

川普喜歡幫大樓做整容，在如何對待地皮和位置上，他有自己一套高明的方法。

有時候，這種方法的效果，比大張旗鼓地蓋一座新樓效果更好。但是，對舊樓進行整修的複雜程度往往比蓋新樓更甚，這也是爲什麼一些開發商根本不願意花這個心思，而寧可把舊樓拆了，重新再蓋一棟樓。

川普的高明之處就在於，他比對手們想得更多、更長遠，不靠地皮和位置贏得競爭，而是靠對大樓的整容。川普曾有過幾個這樣成功的案例，這幾座大樓都値得進行整修，而且修葺一新後它們也重新煥發榮光。

作爲一個企業家，川普一直在培養這種始終領先對手半步或一步的意識與能力，他在自己的生意中堅持這個理念，每一步都堅持這樣做，整個團隊和企業才能眞正保持業界第一，成爲領域的龍頭。

留有餘地，靈活應變

川普是個擅長變通的人，他依靠靈活性來保護自己。

他有時候看起來咄咄逼人、四處樹敵，其實處處留有迴旋餘地，比如他那修建高牆的奇葩構想，完全是保守派的風格。川普並不是賭徒，翻看他所寫諸般成功法則，從無冒險一詞。骨子裡，川普就是個商人，開始時大舉壓價，然後再小步退讓。

川普從來也不把自己對某一項生意，或一種方法拴得太死。對新開的項目，他儘量將球停在空中，而不急於讓它落下來。因爲他知道，絕大多數新項目都可能失敗。

再偉大的目標，再完美的計劃，不管開始時看起來多麼有希望，在進行的過程中，總會有意想不到的困難出現。所以，一旦決定做一筆生意，川普總是設計至少半打的方案以使其成功。因爲什麼事都可能發生，即使是最好的計劃。

對於未知的困難，川普總是不惜以悲觀的態度來估量。只有正視困難，對可能出現的困難有足夠的認知，才有可能在執行的過程中戰無不勝。要把困難當成最好的人生體驗，在它們出現之前就能夠預測到，並且設計出相應的解決方案。不得不說，這眞是個好習慣，很可能是讓他獲益一生的珍貴習慣。

如果在專案執行的過程中，對困難沒有足夠的認識，又不懂得靈活應變，那就註定是個悲劇。這樣的人一旦遇到困難，便心生畏懼，不知所措。因爲困難是計劃之外的，沒有與之對應的解決方案。在這時，就應寄託於發揮超於平常的智慧和努力來克服它。也只有經過了這個階段，才能成長，才有向前邁進的機會。

當然，川普也會遇到很多讓他措手不及的問題。面對這些困難，他首先想到的是考慮該如何解決。當然，解決困難的方式有很多，最重要的就是認清事情的眞相，冷靜地去思考引起困難的眞正原因。往往沒到這時候，川普就能發揮與衆不同的地方，也許正是這種特性，使他獲得如此成就最主要。

在他幾十年的經商生涯中，如果自己有做錯、疏忽或思考不夠周密的地方，就坦白地自我反省，加以改正，如此便容易處理困難，也才會把這種體驗牢記在心。川普認爲，在困難面前，沒有人是註定要失敗的，只要站起來比倒下去多一次，那就是成功。有些人遭遇失敗，從此便一蹶不振，有些人雖敗猶能鼓足勇氣。遭遇了失敗，從此放棄，或者沮喪頹廢，這樣的人是最慘的，而世上多的就是這種人。他們遭遇打擊，便絕望，不肯再嘗試了。其實，他們的所謂打擊，事實上並不那麼嚴重。

川普曾經破產四次，但他從來不認爲那是失敗。也許在許多人眼中，他曾經是失敗者，而最後卻成爲勝利者。川普認爲，其實無所謂失敗，那只不過是走向成功的一段過程，只要我們肯再試一試。如果喪失了再試的勇氣，那麼就一切都完了！

當年他在大西洋城買下一大片地的時候，他提前想好了可能會遇到的困難，也設計了相應的應對方案。如果川普不能得到賭場飯店的經營許可證，他總可以建造一個辦公大樓，而且也能做得很好。如果川普在大西洋城的執照遭到拒絕，大可以把連接起來的土地賣給另一家經營者，賺一大筆利潤。無論出現什麼糟糕的情況，川普總有解決的辦法。

川普在曼哈頓做第一筆生意的時候，也遇到了很多意想不到的狀況。當時，川普可以優先購買第三十四西街旁邊的賓州鐵路停車場地，最初的構想是利用政府資金在那裡修建中檔樓房。然而不幸的是，市政府發生了財政危機，對於公共住房的撥款突然停止了。這實在是個很糟糕的狀況，讓雄心勃勃的川普有點措手不及。

人生常常需要克服突如其來的困難，有的人能夠成功，有的人卻失敗了。他們之間的差別，在處理問題時所採取的態度。勝利者永不消極退縮，能夠正視問題，掌握要點，積極謀求解決之道。川普正是這樣的人，並不會因此而怨天尤人，相反的，他很快拿出第二個方案。他開始把這塊地做為建造會議中心的理想選擇，並花了兩年時間進行宣傳鼓動。最後，市政府將川普這塊地指定為會議中心，並且確實把它修建了起來。

當然，如果他們沒有選擇這塊地，川普還有第三個方案。

勝利者之所以能贏，是因爲他們能夠認識問題的本質，採取正確的態度。

川普的致富故事提醒我們，面臨困難，一定要用積極的態度去面對。

當你勇於挑戰現實，你的心態就是最好的武器。你必須掃除頭腦中消極的想法，摒棄對失敗的恐懼心理。

積極樂觀、勇於向現實挑戰的心態，是人類擁有的最具威力的力量之一。它能幫助川普攻無不克，戰無不勝。要想獲得這種心態，必須專注於長期的目標規劃和計劃，心無旁騖地朝著你渴望的目標進發。你的思想指導和駕馭著你的行動，而行動又決定著你的命運。所以，一定要從積極的方面思考問題，賦予自己勇於向現實挑戰的決心和勇氣，然後才能夠無所畏懼地面對人生路上的一切挑戰。

川普歷經四次破產，每次都能浴火重生，說明難題誰都會面對，你需要做的，就是將精力放在具體的工作中，而不是用在焦慮和著急上。事實往往是，在你心煩氣躁時，你的創造力已經死去，你內心的想像也停止不前，你已經被困難所嚇倒，哪裡還有解決問題的能力？因此，請記住川普曾引用的那句話：「假如一個人不是超過他的能力而工作，那說明，他還沒有最大限度發揮自己的潛力。」

即使是再偉大的人物，也不敢說自己不曾失敗。正因爲有無數的失敗，才能得到無數的經驗，時常有所警惕。只有經歷教訓，人才會成長，最後把偉大的信念深植於內心，而完成偉大的業績。

不管是失敗或陷入困境，最關鍵的問題是，自己是否能勇敢地承擔失敗的責任？如果不肯承認失敗，那就不會有什麼進步。如果因爲失敗不滿社會，抱怨他人，繼續消極地生活下去，那只會使自己永遠處在失敗和不幸中。

娛樂明星川普

川普和其他商業大佬不同的地方在於，他身上有一種獨特的娛樂氣質。

喜歡綜藝節目的人，可能早就認識川普了。不僅僅是一般觀衆，媒體也很歡迎川普，因爲他敢說敢罵，直言無忌，滿嘴跑火車，似乎不知「政治正確」爲何物。他宣稱當選後要在美國和墨西哥的邊境建一堵牆，並驅逐境內的非法移民，廢除歐巴馬的醫改，全力打擊伊斯蘭國，而且就任後就風風火火推動。喜歡川普的人愛他愛得要死，但痛恨他的也絕不是少數。

相較於一個地產商人，川普更像一個娛樂明星。實際上，他除了商人和政客的身份，還是著名的眞人秀明星，走過好萊塢星光大道。

早在二〇〇三年，川普就開始涉足電視娛樂界。與其他只投資不管具體運作的資方人士不同，川普幾乎是NBC旗下眞人秀〈誰是接班人〉的核心人物。這是一個實境競賽節目，讓報名的應徵者經由自己的努力，獲得川普的認可，最終成爲川普公司的高薪雇員。期間，川普會安排各種稀奇古怪的任務給應徵者，做得出色的會得到共進早餐或與名人見面的資格，若是搞砸了就會被解雇。

從二〇〇四年起，川普擔任眞人秀節目〈誰是接班人〉的製片人和主持人。這個節目在美國很受歡迎，觀衆對川普的表現印象深刻，這爲後來他參加美國總統競選加分不少。因爲他不僅親自參與策劃、製片，還是這檔節目播放十二年以來的唯一的主持人——就好似名模泰拉·班克斯之於〈全美超模大賽〉或是廚神戈登·拉姆齊之於〈地獄廚房〉，商界大亨川普堪稱電視界商海類選秀的「教父」。

這個電視節目讓川普聲名鵲起。在〈誰是接班人〉中，選手們爲了獲得川普集團內的一個高薪高管職位而參與各種商業挑戰，一不留神就會被川普斥罵「蠢豬」和「廢柴」。即便如此，每個選手還是要把川普當做「超級偶像」般的存在，不停地對著攝影機說「我好崇拜川普先生」。

電視「造神」之下，〈誰是接班人〉連續播放十季以上，川普本人的那句「你被炒掉了」（You are fired）也成爲二十一世紀初期的一句電視流行語。

儘管這是一場爲川普集團開的「招聘大會」，川普本人卻仍然可以從ＮＢＣ電視台那裡拿到不少的主持費。〈誰是接班人〉第一季中，川普單集的主持費約爲五萬美元，但隨著這檔節目日漸走紅，主持費也水漲船高——據稱在最高峰，ＮＢＣ單集就要付給川普三百萬美元，使得川普成爲美國電視歷史上單集片酬最高的演員之一。

二〇一五年七月，川普提交給聯邦競選委員會的個人財產清單中，「爲ＮＢＣ主持節目」這一項，十二年來的總收入達到了二．一三億美元。因爲〈誰是接班人〉的「封神」，川普成功地給自己的身份標籤上添加了「娛樂明星」一項。二〇〇七年，他以電視節目主持人的身份，在好萊塢星光大道成功留名。

除了〈誰是接班人〉以外，川普在娛樂圈的另一個頭銜是「美國小姐」（Miss USA）選美大賽委員會主席。這意味著這位從不掩飾自己對性感美女愛慕之情的大富翁，有權力決定「今年美國誰最美」。

作爲有著悠久歷史的一項選美大賽，「美國小姐」最早始於一九五二年。這項比賽的目的是甄選出代表美國參加環球小姐大賽的選手，也是美國最頂級的一項選美賽事。一九九六年，川普集團通過收購的方式成爲「美國小姐」的東家，川普本人也成爲每年爲「美國小姐」加冕的頒獎人。

由於這層關係，每年獲得桂冠的「美國小姐」可獲得在紐約曼哈頓川普大廈的豪華公寓中居住一年的機會，直到次年新的「美國小姐」冠軍選出。不過，就如同川普本人的高調性格一樣，這檔節目一直也是「狗血」和爭議不斷。

關於川普和「美國小姐」的選美比賽，還有一個流傳甚廣的小故事。

二〇〇六年，來自肯塔基州的美國小姐候選人康納（Tara Conner）壓倒群芳，成功獲得該年美國小姐頭銜。事情本來可以圓滿落幕，康納很可能成爲一個職業模特，甚至世界小姐冠軍。可是，選美比賽後，康納開始失去自我約束，居然在酒吧喝酒的時候和一個小鮮肉舌吻並且上床，更有人爆料，這位美國小姐居然曾經吸食毒品，而且開始吸食冰毒。

後來康納的血液化驗結果，證明了她吸食冰毒。這件事情非同小可，新聞到處傳播，作爲美國小姐選美主席的川普，自然承受了很大的壓力。很多人要求剝奪康納的美國小姐桂冠。川普經過深思熟慮後，決定保留康納的冠軍頭銜，交換條件是，康納必須進戒毒所，戒掉毒癮。

川普的官方聲明上說，做出這樣困難的決定，是因爲每個人都要對自己的行爲負責，同時，每個人都應該有改過自新的機會。康納對川普的決定感激涕零，立即進入了戒毒所，開始戒毒。

然而，美國廣播公司的女新聞評論員歐當奈爾（Rosie O' Donnell）卻在節目上大罵川普的決定，不僅表示川普讓康納改過自新的決定，是對美國小姐選美的玷污，還對川普曾經離婚大做文章，說只有貪色、不自律、道德水準低下的人，才會同情這種毒蟲等等。

川普哪裡能受這種氣?立刻反唇相譏，「妳看妳長得像個胖豬，完全的失敗者，妳還好意思罵我?」兩人的罵戰持續到二〇一四年，隨著歐當奈爾從美國廣播公司第二次辭職才結束。川普罵女人的壞名聲就是這樣留下的。

事實證明，川普的決定徹底改變了康納的人生軌跡，她在成功戒毒以後，受雇於一個宣傳遠離毒品的非營利組織，現在奔走在美國全國大街小巷和很多癮君子交流自己的經歷，呼籲大家遠離毒品。從那以後，這位美國小姐從來也沒有碰過毒品。

了解這個事實的女性選民，很多都成了川普的死忠粉。後來在川普的總統競選中，不少女性選民爲把選票投給了川普。

暢銷書作家川普

作爲一個赫赫有名的成功商人、娛樂明星，川普深諳個人品牌形象的經營之道，長期以來在公衆面前塑造了「敢說敢做」的形象。

像所有的名人一樣，川普在他的前大半生當然是要寫書立傳的。你猜猜寫了多少本？一、二、三、四、五……沒錯，是十六本！川普除了給自己創造了大量財富，還給世人熬了不少成功學雞湯。

川普的第一本成名作是《交易的藝術》，川普是有資格著書立說，向全世界宣傳財富煉金術的。他號稱有著上百億身家、坐擁豪宅賭場、家有美眷、兒女成才，不可謂不成功。

川普的成功學著作，內容上差別不大。一、他不停地強調我是億萬富翁。二、津津樂道當年四次破產又東山再起的經歷。三、每天只睡四個小時，勤奮工作。四、建造川普大廈等等的奇蹟。

川普以寫書自得，他的《交易的藝術》在《紐約時報》非虛構類暢銷書排行榜上名列榜首達五十週之久。後來，川普在接受CNN採訪時說，他堅信《交易的藝術》一書是史上最暢銷的商業書籍。

川普牌雞湯什麼味兒？讓我們一起來看看。

在美國商業或政界的成功人士出書的人很多，幾乎成了一種潮流，但是從不見有人如他一般喜歡自誇。

執掌奇異公司二十一年的傑克·威爾許寫《贏》，仍會把亨利·福特、比爾蓋茲或是梅鐸等人的案例引爲經典。川普的成功學，範本只有本人一家。非要勉強算上，眼中還有他的父親。

不過，言語之下，他的父親佛瑞德蓋的是紐約郊區的經濟適用房，他本人建的乃是曼哈頓黃金地段的摩天大廈，境界早已遠超他的父親。

川普喜歡「贏」這個字眼。他參選時就揚言：「美國需要贏家，我這一輩子都是贏家。所以總統當然要選我。」二〇一三年川普與英國《金融時報》記者共進午餐，甚至指著一塊特別肥嫩的雞肉說：「看上去這一塊贏了。」

奇怪的是，川普喜歡寫書，卻不喜歡讀書。他曾高調宣稱不讀書，他辦公室的書架上根本不擺書，理由是沒時間，自己也不需要凡事取經。

川普的這番話倒是掀起了美國歷史學界的爭論，不讀書是不是做不了好總統？亞伯拉罕·林肯從《伊索寓言》中尋找到鼓舞民心的領導力訣竅，是流傳甚廣的一段佳話。美國總統歷來有好讀書的傳統。早年間，湯瑪斯·傑佛遜的圖書館裡有六四八七本書，約翰·亞當斯的相對少，也有三千本。

歷任總統更是會頻頻曬書秀學識。歐巴馬會在渡假的時候造訪小書店，亮書單，托妮·莫里森的《所羅門之歌》是他的最愛讀物。往前推，歷任總統各有偏好，小布希被稱道的一件事是和自己的智囊卡爾·羅夫比誰讀書多。據統計他在二〇〇六年到二〇〇八年的三年裡讀了一八六本書，大多是紀實作品；比爾·柯林頓最喜歡的小說是加西亞·馬奎斯的《百年孤獨》；甘迺迪對伊恩·弗萊明的〇〇七系列小說追捧不已；雷根則捧紅了湯姆·克蘭西的冷戰小說《獵殺紅色十月》。

這麼多曾經的美國總統都是喜歡讀書的人，唯獨川普是個例外。

不過，川普嘴上說不讀書，未必是真不讀書。

他在一些採訪中也說過，在《聖經》、《交易的藝術》之外，德國小說家雷馬克的《西線無戰事》是他最愛的讀物。在二〇〇六年的《川普成功創業一〇一》一書裡面，更鮮見地推崇了他人作品——諾曼．文森特．皮爾的《積極思考》。此前，川普也聲稱自己讀過幾十本有關中國的書籍，包括亨利．季辛格的《論中國》，還有《孫子兵法》。

但不管怎麼說，暢銷書作家的身份，讓川普頭上的光環很是閃亮。至於他是不是喜歡讀書，很多人反倒不是太在乎。

樂觀積極的人生態度

很多成功人士透露，他們取得巨大成功，是因爲他們跨越了挫折，克服了消極的心理。消極不但是一個可怕的殺手，更是狡詐魔鬼，總是不斷地阻止成功的出現。

一個人要想在商海上左右逢源，的確需要好的機會。但有沒有機會、能否得到機會，關鍵在於以何種態度、以何種角度，對待身邊的環境和自己。

川普曾經在自己的一本書裡寫過：「機會是自己努力造成的，任何人都有機會，只是有些人善於創造機會罷了！」

也是在這種信念的鼓勵下，川普經由自己的努力完全改變了自己所處的環境，化劣勢爲優勢，爲往後尋求更大的發展奠定了堅實的基礎。

但凡成功者，都是善於創造機會的人。他們在有機會時抓住機會，沒有機會時就去創造機會。機會是成功的跳板，聰明的人是不會等待「好心人」送機會上門的，而是主動抓住機會，從機會中打撈自己想要的「黃金」。

很多時候，一個人的成功和失敗，並不是外來因素造成，恰恰是因爲他的內心。因爲，我們奮鬥的勇氣，我們的動力，歸根到柢，都是內在的力量。如果從心底裡不思進取了，即使外部的條件再怎麼優越，仍然會陷入可怕的困境。

在川普的生意對手中，經常有這樣一類人，他們本來在商業上經營得很不錯，也取得了一定的成績，但當他們攀升到一定的高度，就停滯不前，躺在已經取得的成就上睡起了大覺，滿足於現狀，不思進取，令人十分惋惜！

這種行動上的遲緩、目光上的短淺，導致大量的商業資源被他們無謂地浪費掉，反而成就了川普的成功。

滿足現狀、不思進取的狀況，是一種更可怕的「油耗狀態」。川普認爲，只有保持積極進取的態度，才能讓自己立於不敗之地。即使當他在商業上取得了無比輝煌的成就，仍然保持積極向上的生活態度。

眾所周知，除了本身曲折傳奇的成功商業道路外，川普還特別喜歡提高個人曝光率，即「炒作自己」。他曾參與主持眞人秀〈誰是接班人〉，成爲家喻戶曉的電視明星；爲了亮相時被美女環繞，他曾買下各種選美活動的主辦權；他還出版過自傳和一些書籍，創造了自成一派的「成功學」，影響了不少美國人。表面看起來無比張揚、炫耀的舉止背後，恰恰代表著一種不斷努力嘗試新鮮事物，相信生命的價值在於折騰的美國精神。

在美國，恐怕沒有大富豪比川普更能折騰的了。而這種不斷的折騰，讓他好運不斷，經常獲得各種良好的時機。

川普親自參與策劃運作了一個眞人秀節目〈誰是接班人〉，這個節目的宣傳作用實在非同小可！它的收視率創下了新紀錄，讓川普在美國一夜之間成爲娛樂明星。每個人都在談論唐納．川普，模仿那句「臭名昭著」的話：「你被解雇了！」川普成了一個家喻戶曉的名字。

報名參加財富論壇，來親眼看看川普的人數，也打破了紀錄。顯然，這是一個極好的時機，也是極好的運氣。

俗話說，愚者喪失機會，弱者等待機會，智者把握機會，強者創造機會。川普認爲，不論何時何地，都要自己的努力，創造有利於自己成功的機遇。

一、自己創造機會

身爲下級，你在可能的情況下，可以通過自己的努力，創造有利於自己成功的各種機會。譬如，受到不公平的待遇後，可以成立一個新的組織，並在這組織中擔任重要的職務。

提高知名度的辦法很多，簡而言之，有三條：

一是借助大衆傳播媒體的力量，提高自己的名氣，擴大自身的影響。

二是借助於各種社會活動，不放過任何一種出頭露面的機會，如積極致力於公益事業。

三是開展全方位的外交，通過交際和遊說，使別人對自己由不知到知，由知之不多到知之較多。在與老朋友保持聯絡的同時，你還必須多與大衆接觸，擴大交遊範圍。知道你的人愈多，對你愈有利，因爲往往在這些人中，存在著能爲你敲開成功大門的人。

二、成為引人注目的焦點

要想成功，就必須使自己成爲衆目的焦點，讓公衆和上級了解自己、信任自己、支持自己。

有些下級雖然才華蓋世、能力超群、成績卓著、年富力強，足可以勝任更高一級職位的工作，但因爲才華、能力、成績鮮爲人知，終難成功。

川普根據他在多家大公司的所見所聞，將影響人們事業成功與否的因素做了如下的劃分：工作表現只占十％，給人的印象占三十％，而在公司內曝光機會的多少則占六十％。

川普認爲，在當今這個時代，工作表現好的人太多了。工作做得好也許可以獲得加薪，但並不意味著能夠獲得成功的機會。他發現，成功的關鍵，在於有多少人知道你的存在和你工作的內容，以及這些知道你的人在公司中的地位影響力有多大。

川普強調，曝光機會在成功中有著相當重要的作用。如果你想得到快速的成功，最好成爲引人注目的焦點。

三、為機遇創造各種條件

川普認爲，等待機會是一件極笨拙的行爲。不要以爲機會像是一個到家來的客人，在你門前敲著門，等待你開門把它迎接進來；恰恰相反，機會是一件不可捉摸的活寶貝，無影無形，無聲無息。它有時潛伏在你的工作中，有時徘徊在無人注意的角落裡，你如果不用苦幹的精神，努力去尋求、創造，也許永遠遇不到。

川普說，世間處處有機會，機會對每個人都是均等的，只有懂得珍惜它的人，才能知道它的價值，只有持之以恆追求它的人，才能得到它的青睞。你付出得愈多，抓住的機會就愈多，成功的可能性就愈大。相反，付出得越少，你的機會就越小，成功的希望就越渺茫。

把握好每一次表現機會

有人說，川普是個機會主義者，他非常善於補位。

這話有一定的道理，他不但善於尋找機會，而且還要善於補位，讓別人手中失敗的項目起死回生。無論是溜冰場專案，還是電視城專案，都是如此。

只有想他人所未想，才能隨時應對可能發生的各種問題；另一方面，則是要善於跑位，就像足球場上運動員一樣，透過跑位，隨時會抓住進門的機會。

在商海中，能否脫穎而出，也要看機會。機會是什麼？當你面對成功的困惑時，它已經披著面紗，悄悄地站在你身旁。如果你是個有心人，一定能把它攬入你的懷抱，如果繼續埋怨或無所作爲，它就跟你擦肩而過，離你而去。

機會就是機遇，即事業、人生中的各種際遇和時機，是得到成功的前提。機會雖然是偶然出現的，但也有規律可循，只要做好各種準備，你與機會的距離就越來越近。

一個人的事業是否成功，人生是否壯麗，在很大程度上要看他能不能贏得機會並充分利用一次又一次的機遇。川普指出，具體來說，要注意以下幾點：

一、要善於發現各種機會

機會就存在於我們的生活中，誰也無法預知它來自何方，以什麼面目出現。有時它從「前門」進來，有時它來自「後窗」，有時它以本來面目出現，有時又喬裝打扮爲不幸、挫折的模樣。

川普之所以總能夠發現別人發現不了的機會，就是因爲他有著開闊的胸懷、廣闊的視野，把眼光放在更廣闊的領域，而不是侷限於某個狹小的範圍內，或某個單純的管道上。

其次，川普非常善於分析，因爲機會常常改裝打扮，以問題的模樣出現，如對某一重要問題的解決，本身就爲成功提供了良機。

再次，川普是一個非常樂觀的人，不僅看到眼前的問題，還能發現問題後面的機會。發現機會之外，還要善於把握機會。不是每個人都能成爲川普那樣的人，因爲很多人即使能發現機會，也把握不住。機會就在生活的每一瞬間，稍縱即逝。大凡事業成功者，都善於假借機會，從不放過任何一次機會。哪怕是不起眼的，或者是稍有不慎就會遭遇厄運的機會。

二、要善於掌握機會

幸運之神常前來叩門，愚昧的人卻不知開門邀請。機會的最大特點就是悄悄來臨，稍縱即逝。就像古諺語說的，機會老人先給你送上他的頭髮，如果你一下沒抓住，再抓就只能碰到他的禿頭了。或者說，機會先給你一個可以抓的瓶頸，你沒有及時抓住，再摸到的就是抓不住的圓瓶肚子。

機會老人是好捉弄人的，你是否經常只「碰到它的禿頭」？

三、把你的好運保持下去

川普之所以能在風雲變幻的商海中，不斷地獲得成功，還有一件最重要的原因：當好運到來時，川普能把它保持下去。一個人不可能永遠幸運，一生中，這種幸運可能只有一兩次，當你遇到時，一定要把它保持下去。

比如，川普舉辦的第一場財富論壇極爲成功，然而許多人建議他見好就收。因爲他已經掙了那麼多錢，而且獲得了極大的名氣，爲什麼還要冒著風險去辦另一場呢？萬一搞砸了，弄不好會把到手的利潤也賠進去，爲什麼不到此爲止呢？

但是，過去的經驗讓川普明白了一件事：必須把難得的好運持續下去。因此，他決定立刻著手，在美國的所有大城市總共安排了二十場財富論壇的講座。

在美國，像川普一樣，能夠把幸運保持下去的成功者，不止一個，他們都在各自的領域裡獲得了巨大的成功。

川普在地產生意上取得了成功，可他不滿足於此，開始嘗試一些能夠超越自己極限的東西，並且每天都努力改進著自己的技能，永不放棄。因爲他明白，無論什麼領域，人開始的時候都學得很快，過了一段時間之後，就會放手不幹。只有極少的人，能夠數年乃至數十年如一日地不斷提昇。

川普曾說：「作爲一個現代人，應具有迎接失敗的心理準備。世界充滿了成功的機遇，也充滿了失敗的可能。」所以，要不斷提高自我應付挫折與干擾的能力，調整自己，增強社會適應力。若每次失敗後都能有所「領悟」，把每一次失敗當作成功的前奏，就能化消極爲積極，變自卑爲自信。

12
Chapter

競選美國總統，迎接下一場挑戰

川普正式就任後開始實施他的新政，「川普」這個品牌，將通過他獨樹一幟的政治傳播和行銷活動而再度引人注目。川普也註定會以充滿魅力和爭議的個人形象，成為獨具一格的美國總統。

宣佈競選總統

川普在宣佈競選之前，其實是個十足的「政壇菜鳥」，正式身份是腰纏萬貫的房地產大亨。作爲一名「非專業」的競選者，他的異軍突起令人驚訝且好奇。

不僅如此，川普的表現讓人大跌眼鏡，支持率一路上升，超過了許多在政壇上打拼多年的競選者，最後甚至戰勝了強大的競爭對手希拉蕊，獲得總統職位。是什麼讓他實現了如此「逆襲」？

美國總統競選開跑前夕，各大媒體爆出一則火辣的新聞：

二〇一五年五月十六日，身兼地產大亨、眞人秀主持、「美國小姐」選美主席等多重身份的美國億萬富豪唐納．川普，在死忠粉絲、富豪好友、女兒等人的助威下，伴著搖滾歌曲的背景樂，正式宣佈角逐二〇一六年美國總統大選。

新聞發佈會在紐約曼哈頓的川普大廈進行，川普發揮著他一如既往愛炫的風格。在這場持續了一個小時的演講中，川普說道：「我正式宣佈將競選美國總統，而且我們會讓這個國家再度偉大起來。」

雖然川普的口頭禪是「你被解雇了」，但是他仍然表示，在就業方面，自己將成爲「上帝所創造過的最偉大的總統」。

美國媒體，甚至全世界的媒體，一下子興奮起來。這位集商人、作家、電視眞人秀明星於一身的最新共和黨參選人，以生活奢侈和行事高調著稱。他的參選註定將爲總統大選注入更多話題，也讓共和黨的黨內初選充滿變數。

在美國競選史上，這是値得紀念的一天，已經六十九歲的唐納·川普頂著標誌性蓬鬆的花白頭髮，搭配標誌性行頭——深藍色西裝、鮮紅色領帶、白色襯衫出現在公衆面前，正式宣佈參加美國總統競選。

「我將讓美國再次強大」，川普站在曼哈頓的川普大樓裡，慷慨激昂地說：「可悲的是『美國夢』死了，我將把『美國夢』重新啓動。」

很多人都知道，這並不是川普第一次表示自己要競選總統，其實早在一九八七年開始，川普就曾多次公開表示有意競選總統，但大多無疾而終。

每一次總統競選，川普都爲自己賺足了關注。最近一次是在二〇一一年，川普意想代表共和黨挑戰謀求連任的總統歐巴馬，但中途又宣佈退出競選。不過，當年他也出足了鋒頭。

毫不忌諱成爲輿論焦點的川普，這次正式宣佈競選總統，也讓一些人猜測的參選動機。川普的首席政治顧問寇里・萊萬多夫斯基承認，「川普最大的不利，是人們不認爲他眞的會參加競選。」

有美國媒體認爲，正是在五年前的記者晚宴上被歐巴馬當衆「羞辱」，川普才走上競選總統之路。

在這場號稱美國政治圈「吐槽大會」的白宮記者晚宴上，歐巴馬在「我走了你一定會想我」的音樂中登台，調侃了在華爾街賺取高額演講費的希拉蕊・柯林頓，自嘲自己當上總統後老得更快，當然也不忘拿共和黨混亂的選情開玩笑，以及繼續尋唐納・川普的開心。

歐巴馬說：「今晚他沒有來，讓我很受傷。這裡滿屋子的記者、明星和攝影機，川普居然說不！難道這個晚宴太俗氣了嗎？」

歐巴馬又說：「共和黨大佬們說川普缺乏總統外交經驗，但其實他一直在跟世界各國領袖們打交道，比如瑞典小姐啦、阿根廷小姐啦、亞塞拜然小姐啦……」

歐巴馬調侃川普沒有總統樣也已是個老梗，嫌他吹噓自己的身價、生活方式浮誇、對政治一竅不通，甚至在接受採訪時直言不諱地說：我覺得川普不會當選。歐巴馬在地方電台WMUR訪談中說：「我不認爲他，甚至共和黨內其他人，有處理總統職責的能力。但是，我們畢竟是個民主國家。」

在晚宴兩天後，川普接受CNN採訪時，回應了歐巴馬對他的尋開心：「還好還好，但老實說，我都聽過了。」

他還說自己並不是沒有外交經驗，這位億萬富翁遍及全球的生意，得以使他和世界各地的領袖們打交道。

川普在CNN採訪中解釋自己爲何缺席白宮記者晚宴：因爲在二〇一一年的晚宴上，川普曾被歐巴馬狠狠「吐槽」，當年的影像還記錄下了川普尷尬的、似笑非笑的窘狀。

有不少美國媒體認爲，就是在五年前的那個夜晚，川普非但和歐巴馬結下了「樑子」，那些苦澀的玩笑還間接促使川普臥薪嚐膽，「報復性」競選總統，最終成爲今日美國所有政客們的「夢魘」。

二〇一一年的時候，川普放話要競選美國總統，所有美國人都笑了。畢竟，誰會投票給長著一頭奇怪金髮、滿嘴跑火車、坐著豪華專機、攜名模妻子頻繁出鏡眞人秀的擺闊呢？

爲了給自己造勢，川普向歐巴馬「開炮」，說他的出生證明造假，出生在肯亞而非夏威夷，不是道地的美國人。

在當年的白宮記者晚宴上，歐巴馬入場登台的背景音樂是「眞美國人」，現場大螢幕上閃動著他的夏威夷出生證明，還播放了一段〈獅子王〉辛巴出生的動畫，反諷川普質疑他出生在非洲的說法。

歐巴馬還嫌反攻不夠有力，對著滿屋名流說：「但不管怎麼說，川普先生肯定能給白宮帶來一些變化……」他指向螢幕，上面出現一張PS過的「川普白宮渡假勝地和賭場」，門口有比基尼美女和鑲金的柱子，暗示川普不但將把浮誇的生活方式帶入白宮，還可能在其中提供色情服務。

這時，現場記者多次將鏡頭掃向川普的側臉，他神色緊繃、一語不發。晚宴結束後，記者們追問川普感受如何，他嘴上說被總統拿來尋開心很榮幸，但臉上的神情出賣了他。隨後，他快步匆忙離開。

第二天，各大美國媒體的頭條是「川普被羞辱」。

五年後，曾在晚宴現場目睹整個過程的《華盛頓郵報》、《紐約時報》及《紐約客》等媒體的記者，重新回想川普臉上那個彆扭的表情，恍然大悟──「那個被當眾嘲弄的夜晚不但沒讓川普退卻，反而激起他力圖在政治世界獲得聲望的鬥志。川普競選的眞實原因，有時被他的狂言和吹牛遮掩了，那就是：渴望被認眞對待。」

川普決定競選的眞實緣由恐怕只有他自己知道，他反覆向媒體強調，五年前那個「難忘」的夜晚並沒有給他留下傷疤。

川普說：「我競選的原因有很多，那不是其中之一。」

支持率一路飆升

川普宣佈參選總統之後，他的表現讓所有人都大吃一驚。作爲美國共和黨的總統候選人，他在不被看好的情況下，選情一路飆升，最終從共和黨初選中成功勝出，獲得總統候選人提名。

二〇一六年的美國總統大選正式開始，最引人注目的看點莫過於共和黨參選人川普的表現。這位七十歲的超級富豪、暢銷書作者、眞人秀節目主持人，在二〇一五年宣佈參選總統時，被大部份人認爲不過是玩票、攪局而已。他沒有任何從政經驗，講話經常粗俗不堪，不斷冒犯對手、媒體、少數族裔和其他國家。他的競選缺少實質性的政策，提出的解決方案也沒有多大可行性。但這都不妨礙他的人氣一路飆升，一路過關斬將，勢不可擋地從共和黨衆多參選人中勝出，有人評價他的勝利是「傳播的勝利，不是政治的勝利」。

但不管怎麼說，川普以一名大多數人都不看好的政治素人身份投身競選，並獲得目前這樣的成功，宣傳策略具有分析研究的價值，也能夠爲相關的政治和商業領域提供借鑑。

川普的勝利證明了，提出簡單易記的核心競選口號非常重要。

競選口號被稱爲美國總統選戰的靈魂，展現了參選人的核心信仰和理念，競選活動緊緊圍繞著口號進行整合行銷。一個簡潔有力的口號，既能展現候選人的執政理念，又能觸動民衆的心弦，引發廣泛的共鳴。

川普的競選口號是「讓美國再次強大（Make American Great Again）」，簡單清晰，朗朗上口。和同年度其他總統候選人相比，如Mike Huckabee的「從希望到更高的地方」、Bernie Sanders的「政治革命正在到來」、Rand Paul的「打倒華府機器，解放美國夢」、Ted Cruz的「重燃美國的希望」、希拉蕊的「美國的希拉蕊」……等等，川普的口號更簡潔有力，也更容易被人記住。

「讓美國再次強大」也反映了美國人在一個變化了的時代，對美國的全球領導地位衰落的隱憂，和對未來更好生活的期盼，具有較強的感召力。媒體在美國社會進行了隨機調查，無論大人孩子，幾乎人人知道川普的競選口號，認知度明顯超過其他總統候選人。

川普作爲成功商人、暢銷書作家和脫口秀主持人的人生閱歷，培養了他對民眾的敏感度和了解。

儘管在主流媒體上經常發聲的都是高學歷、高收入，居於東西海岸大都市的精英階層，選民的基本面仍然是文化程度不高、收入也不高的普通大衆。這些以小鎮居民爲主的底層選民，在全球化進程中有強烈的被剝奪感。跨國公司向發展中國家轉移產能帶走了一部分工作，來自其他國家的合法和非法移民又搶走了另一部分工作，這使得他們的生活境遇每況愈下。一項調查指出，一九八三年到二〇一三年的三十年間，經濟狀況處於社會中間層的六十％美國人，財產平均縮水四十％到八十％。

他們當中有近半數的人認爲，將來的日子會更辛苦，下一代的前景會更慘澹，更加不妙。他們厭倦了所謂精英階層，經由支持川普的「美國優先」以及極端的反移民立場來表達自己的意見。

除了選舉年，他們的聲音很少被聽見，這也是這次主流媒體和精英人士對川普的選情普遍判斷失誤的重要原因。在以《華盛頓郵報》和《紐約時報》等媒體所代表的政治精英們對川普偏離政治常規的發言痛心疾首之時，他的民調卻一路飆升。當川普以有別於傳統精英的形象出現，用不加修飾的淺白話語大談「美國優先」主張時，勞工階層格外能感覺到——「他是我們的人」。

根據民意調查，粉絲喜歡川普的理由之一是他說實話。他坦白、直率、未經過濾的談話風格，儘管被精英們視爲「粗野」和「魯莽」，卻贏得大量草根粉絲的追捧。他我行我素，直來直去，「你能確定的一件事，是他沒有和政治顧問諮詢如何談話。他也不擔心《紐約時報》或《華盛頓郵報》的自由派編輯和《國家評論》的保守派編輯如何看他。」

總統競選的傳播對象是平均文化程度不高的一般大衆，通常他們難以理解複雜的公共事務與政策選擇，對精英們津津樂道的外交政策和意識形態也不感興趣。他們只對自己的切身利益感同身受，希望獲得一蹴而就的解決方案。

川普提供的解決方案恰好是簡單粗暴的：對墨西哥非法移民——在美墨邊境建一堵牆；對恐怖主義襲擊——禁止穆斯林進入美國；對工作崗位流失——驅逐非法移民。觀察共和黨候選人的電視辯論，可以發現，當其他候選人通過列舉大量數字和事實說明他們提出的政策方案時，觀衆基本沒有反應，因爲數字令他們感到枯燥乏味難以產生共鳴。而只要川普一開口，就能以他的驚人之語和娛樂天賦，不斷引發觀眾席上的笑聲與喝彩。

由於競選耗資巨大，總統候選人高度依賴來自各大財團和利益團體的捐款，這就造成了美國公眾對於政治的另一個擔心，即候選人上台之後，將不可避免地受到特殊利益集團的影響和操縱，從而難以爲普通民眾謀福利。

對此，川普反覆強調他超級富豪的身份，「我有錢，非常有錢」，這句看似粗俗的話其實是在告訴選民，他不依賴利益集團的政治獻金，可以擺脫任何人的操縱，專心爲美國人民服務。

作爲居於美國金字塔尖的億萬富翁，川普成功地獲得了大量底層選民的支援，不能不說是受益於他對傳播對象的處境和心理的精準把握。

吸引媒體關注

川普一直都是媒體寵兒，只要他出現的地方，總會引來媒體的高度關注。就媒體的特性而言，關注度和收視率是媒體的生命線，即便是精英媒體也不能例外。因此，媒體普遍關注那些非常態的人物、事件和現象。

長期在生意場、娛樂界摸爬滾打的川普，尤其還經歷過眞人秀節目的磨礪，自然深諳注意力經濟學，知道如何成爲媒體焦點和大衆的興奮點。

當其他候選人憑藉深厚的政治經驗和淵博的學識引經據典、侃侃而談時，他們的表現因缺少「差異性」而讓人感到乏味。但川普不同，從傳播風格到資訊內容，都是一個另類。《紐約時報》總結川普的兩大絕招：煽動性議題和挑釁性言論。他用攻擊、挑釁性的話語牢牢霸佔媒體頭條，在傳統媒體和社群媒體上形成強大的傳播力。他大膽駭人的言論，諸如墨西哥移民是毒品販子和強姦犯、全面禁止穆斯林入境美國等，迅速吸引媒體的關注，獲得大規模報導。

事實上，正是這些語出驚人甚至粗俗不堪的言論，成爲媒體不能不報導的每日熱點。報導爲他帶來了很多批評與譴責，但也使得他人氣更旺。川普非常精於此道，每次需要提高曝光率，或者轉移話題，或者回應攻擊，都會說一些離譜的話，以激發新一輪關注。

在他的口中，歐巴馬政府一無是處，因爲領導人「愚蠢、虛弱」，甚至和恐怖分子有某種關聯。通過這種挑釁和攻擊，他能夠始終使自己處於媒體報導的焦點位置。當共和黨全國代表大會主席在週新聞發佈會上打算談談眾議院的議程時，記者們卻全都問他關於川普的問題。甚至，歐巴馬總統也在二〇一六年的白宮記者晚宴上調侃新聞界：「我希望你們能爲自己驕傲，因爲從這件事情（川普競選總統）一開始，就得到了相當多的報導。」

川普和他的團隊每週都會接到幾百份媒體的採訪邀約，儘管不可能一一滿足，他們還是最大限度地進行媒體曝光。與新聞週期幾乎無縫連結的推特發佈和話題製造頻率，毫無心理負擔地接受從嚴肅新聞到喜劇節目的訪問，讓川普穩穩地成爲大選季媒體大餐的主菜。

不僅僅在攻擊總統歐巴馬、民主黨提名人希拉蕊和其他共和黨候選人時火力全開，川普對媒體也是毫不客氣。

二〇一六年六月十四日，《華盛頓郵報》被川普取消了報導他的總統選戰的官方授權。因爲他認爲《華盛頓郵報》六月十三日的一則標題《川普暗示歐巴馬總統和奧蘭多槍擊案有關》，沒有忠實地反映他的看法。

這不是川普第一次撤銷對媒體的官方授權，此前，不少媒體都因爲不同原因上過川普的黑名單。有趣的是，在其他候選人斥重金在媒體上購買廣告版面和時間時，川普卻透過對媒體的攻擊，激發新一輪報導熱潮。據估計，二〇一六年美國總統候選人在廣告上將花費四十四億美元，而川普花在電視廣告上的錢，不到共和黨另一候選人傑布·布希的一％。他原本就已經家喻戶曉的知名度，通過製造刺激性輿論引來媒體報導的方式，讓他省去了傳統競選活動中用於媒體宣傳的支出。

川普在面對大衆媒體時之所以如此有底氣，還在於他擁有非常成功的個人媒體。選舉時川普有九百五十萬推特粉絲，希拉蕊七百二十萬。他還在Facebook、Youtube、Vine、Instagram和Periscope等其他社交平台上和粉絲互動。

毫無疑問的是，川普是社交媒體時代的網路紅人。在Facebook的一項統計中，川普的一百條臉書消息之中，獲得的回覆比其他幾位總統候選人加起來還要多。Dan Pfeiffer，歐巴馬的前社交媒體專家說，川普比共和黨的其他任何人更精通網路，這就是他為什麼能贏的部分原因。

MIT媒體實驗室的一個研究組發佈了一個選舉影響力的研究：「舊的影響層級被削弱了，取而代之的是一個新的、馬賽克式的影響，此間，社交媒體扮演了日益增長的角色。」

這項研究把川普的推特視為最有力的影響者，描述川普是精通傳統媒體和社交媒體的高手。川普之所以能保持領先，是因為他很久以前就在學習如何建立自己的媒體。川普自己也不無得意地說，擁有推特就像擁有一家報紙，而且沒有虧損！

從二〇〇九年開始，川普就開始利用推特推廣自己的品牌。他緊跟時代思潮和流行文化，以獨有的判斷，機智甚至有些冒犯性的語言，發佈一些有趣的推文，例如：我從未見過一個瘦子喝健怡可樂。這些推文都贏得了大量的回覆。二〇一五年之後，他開始利用這種個人媒體輔助選戰：美國有太多「政治正確」的傻瓜。我們不得不回來工作，停止浪費時間和精力跟他們廢話！

川普還經常在推特上調戲對手，比如說：「我希望當Rand Paul退選時，他的支持者能轉過來支持我。我將爲他們做得更好！」

在嘲笑對手人氣不濟，終將退出選舉的時候，不忘對他的支持者示好，顯示了川普的智慧：可以侮辱對手，絕不侮辱選民。

他的推特喜歡用強烈的語氣，經常以感嘆號收尾。他也轉發支持者的推文，向他們說謝謝。

有時候，川普還一言不發地轉發那些攻擊他的對手的貼文。

「精練、刻薄、有力」，一位研究者這樣評價川普的推特。他的線上優勢是令人震驚的。根據Edelman Berland市場研究公司發佈的資料，在兩個月裡，僅推特一個平台，他就被提到了六百三十萬次，三倍於希拉蕊，十三倍於傑布．布希。

不過，川普並不是第一位擅長利用社交媒體的總統參選人。在美國，歐巴馬被認爲是首位「社交總統」，在二〇〇八年的總統競選中，他利用Facebook等社交網路獲得大批草根使用者的支持，直接導致了競選募款活動的成功，競選活動資金的八十五%來自網路。

和歐巴馬通過網路進行募款不同，川普在競選期間，除了爲自己宣傳之外，還通過推特攻擊歐巴馬、希拉蕊、共和黨的競爭對手、媒體，達到控制媒體關注點的目的。他抓住一切機會，攻擊歐巴馬和希拉蕊是低能的、愚蠢的、軟弱的、不正當的。這些短平快、容易激發情緒的內容，極易向外傳播，再經過媒體的二次報導，川普收穫了大量的曝光度，維持了他在整個競選過程中的人氣優勢。

以往的共和黨初選，候選人都會向黨的主流意識靠攏，爭取黨內大佬的支持。黨有資源、有媒體、有金主（超級政治行動委員會和華爾街的捐款人）。川普不一樣，他有自己獨立的財源，不受共和黨圈內人的控制。他有自己的發聲管道（推特），不需要說些迎合媒體的話，更不怕媒體打壓。

對於川普這樣一個挑戰美國選舉政治許多既定規則的候選人，美國主流媒體雖然出於注意力經濟的考慮，給了他足夠的曝光，但態度可以說是一面倒的圍剿。假如沒有社交媒體，川普在傳統媒體聯合且持續攻擊下，可能早就一敗塗地。幸好川普的幾百萬社交媒體粉絲帶來的宣傳效應，擊敗了傳統媒體對於新聞和輿論的獨家控制。

獨樹一幟的話語風格

川普不像其他政治家經受體制內的多年規訓，作爲商人和脫口秀主持人的經歷使他養成了口無遮攔，甚至語出驚人、譁衆取寵的表達習慣。據分析，川普在總統競選演講和辯論中使用的詞彙相當於小學四年級水準，是所有候選人中最簡單直白和容易理解的。

川普喜歡重複使用簡單的詞彙或短語。在他最常使用的十三個詞中，有八個是單音節或者簡單的雙音節詞。

以二〇一五年八月六日共和黨初選首場辯論中川普的部分發言爲例，川普簡潔、精采的言論，可以說是不勝枚舉，比如說：

「這個國家有很大的問題，總是想政治正確。許多人都挑戰我，坦率地講，我沒有那麼多時間來政治正確。老實說，這個國家也沒有時間。這個國家有大麻煩，我們不再贏。我們在貿易和邊境上輸給中國，輸給墨西哥。我們輸給所有人。」

「自從那時起，許多兇殺、謀殺、犯罪、毒品湧入美國。我們資產外流，換來的卻是毒品。所以我說要建立一堵牆，並且要儘快建好，讓人們都合法地進入美國。建這堵牆的根本意義，是把不法分子拒之門外。」

「我們需要強大，我們需要能源，我們需要速度，我們需要智力來扭轉局面。」

「事實上，我淨資產一百億，我的企業棒極了，我雇傭了幾千人，我爲我做的工作感到自豪。」

「我有好的商業感覺，在財經媒體上常受表揚。七年前大西洋城徹底衰落前就撤出，賺了很多錢。我對此很自豪，我要告訴你，我非常自豪。這個國家現在欠十九兆國債，需要我這樣的人來處理爛攤子。」

就是通過這種簡單重複、充滿自信和力量感的表達方式，川普成功地成爲當晚十位參選人中最耀眼的明星。

當然，川普的這種演講風格不是一天練成的。川普畢業於華頓商學院，寫過很多暢銷書，這說明他完全有能力使用結構化的句子和大量詞彙，也說明他在對大眾演講時，是在有意識地使用大量簡短的句子和簡單的詞彙。作爲一個億萬富豪，川普成功地被低收入、低文化水準的大衆引爲「自己人」，和他這種簡單直白的表達方式分不開，營造了坦率開放的「自己人」形象。

川普的演講總是充滿自信、語氣堅定：「如果我當了總統，我們將贏，在每一個領域。就像你過去習慣輸一樣，你將習慣贏。」

在奧蘭多槍擊案後，川普以他一貫的、斬釘截鐵的語氣說：「恐怖主義將摧毀美國，什麼也不會剩下。」

在其他領導人的講話努力避免分裂性的語言，以尋求團結之時，川普卻強調，甚至至誇大美國社會的撕裂與分歧。

川普聲稱「美國到了存亡時刻」，而只有他才能救美國。這正是傳播學中的「訴諸恐懼」，它是一項古老而有效的政治策略。每當國家受到攻擊，國民處於某種危險之中時，正是政治家誇大恐懼，尋找敵人，從而操縱民意、發動戰爭或者採取其他強硬措施之時。

在大選中，訴諸恐懼，可以成功地讓選民向某個候選人靠攏。

從傳播心理來看，一個候選人要說服選民投票，通常的路徑是訴諸理性，以事實、證據、數字等因素說服選民，選民因爲理解了他的綱領，認同了他的施政理念而投票給他。

但面對當今複雜的社會問題及挑戰，只有少數具備相應背景知識和強烈參政動機的精英，才會被理性說服。而更多文化程度不高的選民，通常會被訴諸情感的方法所影響。大多數選民更容易被極端和堅定的言論吸引，而不喜歡那些理性的縝密言論。

川普崛起的土壤

川普自從宣布競選總統後爭議不斷，共和黨高層群起圍堵、打壓他，他的聲勢卻持續攀高。當時，就有時勢觀察家指出，川普的崛起，絕非僅是民粹、種族主義、保守主義等因素發酵，而是象徵著一股社會新力量興起，這種力量將擴散到世界。

川普在大選中百般彰顯自己的個人特質，也許是他的性格所致，但從競選的角度來說，其實是一種不錯的策略。

與其他候選人相比，他不需要具體的競選政綱，他的策略就是讓選民對他本人產生信任，相信他就是最合適帶領美國前進的領導人。

每個人的智力、個性、悟性等都有很大的不同，世界上並沒有眞正的完人，並不是看起來完美無缺的人就一定會成功，有缺點的人就一定不能成功。關鍵是把自己的心力和智慧集中在一點，找到走向輝煌目標的突破點。

二〇一六年在總統大選這場較量中，川普把他的優點和缺點全部展示在選民面前，反而讓他顯得更加眞實。

美國當前的社會環境，正是川普崛起的最好土壤。

在現代西方社會，原本嚴肅的總統選舉，在某種程度上也是一場圍觀看熱鬧的大衆娛樂。觀衆們已經變得更加精明，似乎並不喜歡那種不會犯錯的政治家，因爲「他和我們不一樣，所以我們無法信任他」。

川普通常不用演講稿和提詞器，談話時表情生動，手舞足蹈，嬉笑怒罵，常會犯錯，這種反常態的表現，反而使他的政治傳播具有一種人際溝通的效果，極易贏得受衆的信任。

川普擅長使用日常使用的談話方式發表政治演講。他的演講沒有正式的前言，會在不同話題之間快速地跳躍，使用的句子經常是不完整的，邏輯可能是不連貫的，詞彙是簡單的和大量重複的，中間夾雜著各種即興插入的偏離主題的故事、笑話和對他人的譏諷。

這正是普通人在咖啡館中和朋友談話聊天的方式。

事實上，川普的演講之所以吸引很多人，是因爲他和其他候選人經過彩排的演講風格形成對照。他的談話風格使他看起來眞實、可靠和值得信任。他的政治演講類似於法國哲學家蒙田的隨筆風格。

蒙田自稱他的隨筆寫作是自然的和無計劃的，每分鐘都可能變化，有時候還是矛盾的。川普也是這樣，他不是懷著智力優越感對聽眾宣講，試圖引導他們，而是和聽眾分享經驗，讓人感覺他說的，就是他看到的，他所想的。

這種方式上，使川普看起來就像是一個能坐下來和聽眾喝啤酒的人。

川普還善於運用講故事的方式來回答問題，表達觀點。在被華萊士問到「你有什麼證據來證明，墨西哥政府在把犯罪分子送到美國」時，他回答：「我上週去了邊境，和邊境巡邏員交流，他們說這就是正在發生的事情。」

川普在各種場合反覆講自己在商業和娛樂領域的成功案例，也是在對選民宣講一個「人生贏家」的故事：我從小到大一直贏，你們跟著我，美國就會贏。

相較於其他候選人用大量資料和事實列出的政壇成績單，公眾更愛聽這些生動的人生故事，故事把川普變成了一個有著超凡魅力的候選人，吸引著更多期盼「美國再次強大」的普通人。

正是這種富豪老闆形象，爲川普參選總統做了十足的角色設置，幾乎不費吹灰之力，川普就能在廣大美國民衆心中樹立起權威、高效、幹練的形象——這與當前政客們留給人們的爭功諉過、拖泥帶水、利益牽絆的形象，形成鮮明對比。

另外一方面，川普的娛樂氣質力幫了他許多忙，因爲觀衆喜歡能夠讓他們歡笑的台上嘉賓。觀衆一笑，就可以避免很多實質上的爭論。

川普利用他脫口秀主持人的天賦，用有趣的表情和生動的動作，使自己成爲一個滑稽節目的選手，面對不利於自己的提問時，他擅長迅速轉移話題，逗笑觀衆，將對手的能量化爲無形，達到控場目的。

當福克斯女主播梅根引用他過去的發言，指責他不尊重女性時，他巧妙地回答道：「我只是不尊重Rosie O' Donnell（美國著名作家、演員、電視節目主持人，和川普曾經有過影響甚廣、曠日持久的罵戰）。」

這一回答成功逗笑觀衆，話題被轉移。

在共和黨電視辯論中，對手指責他從電視中學習外交政策、不具備一個總統候選人的素質時，他做鬼臉逗笑觀衆。通過不斷地逗笑觀衆，川普把自己和觀衆融爲一體，獲得「自己人效應」，使選民的情感天平不斷地向他傾斜。

時間終於到了二〇一六年十一月九日這一天，美國大選塵埃落定，出乎大部分主流媒體的意料，又在一些人意料之中的是，川普這個從未有任何從政經驗的門外漢，成爲最後的贏家，使得二〇一六年又增加一個黑天鵝事件。

川普在美國政治中，甚至在西方現代史中，都是獨特的。二〇一六年的美國大選，無疑是繼二〇〇八年歐巴馬成爲首位非洲裔總統以來，最具戲劇性的一屆選舉。

川普的橫空出世，並且成功當選爲美國新一任總統，給美國國內，也給戰後確立的「美國治下的和平」秩序，造成空前的不確定性。美國內政、外交政策將遭到前所未有的挑戰。

川普正式就任後開始實施他的新政，「川普」這個品牌，將通過他獨樹一幟的政治傳播和行銷活動而再度引人注目。川普也註定會以充滿魅力和爭議的個人形象，成爲獨具一格的美國總統。

川普時代到來

一個人具有競爭力，就不會被社會淘汰；一個公司具有競爭力，業績就能蒸蒸日上；一個國家具有競爭力，就能在世界舞台上揚眉吐氣。所謂的競爭力，不是以打倒別人爲目的，而是要自動自發地培養自己的實力，努力在實踐中增強自己的才幹，錘煉自己的意志。

川普之所以能夠贏得最後的勝利，並非是靠運氣，而是厚積薄發的結果。

川普不是一個純粹的商人，他同樣熱衷於政治。根據統計，從一九九〇年到二〇一一年二月爲止，川普共資助了九十六位競選聯邦職位的候選人。政治獻金並不是川普唯一參與美國政治遊戲的方式，事實上，早在一九八八年的時候，他就表示「或許」會參加總統選舉，十二年後，他的說法變成了「正在考慮」，到了二〇〇四年，川普的說辭是「正在鄭重考慮」，可最終，他都沒有正式參加選戰。

二〇一一年的時候，川普也曾躍躍欲試，在歐巴馬總統的出生地問題上掀起了陰謀論的論調，但此後僅僅一週，歐巴馬就對外宣佈了擊斃賓拉登的輝煌戰果。而後，儘管聲稱「我堅信如果自己參選，一定會贏得初選及大選」，川普還是放棄了參加總統選舉。

在這年，川普出版了新書《度過難關：讓美國重新登頂》，在裡面他提到：「非法移民就是以美國納稅人爲目標的破壞球」。

可以說，川普一直在爲參加總統選舉悄悄做著準備。在二〇一三年的時候，他甚至花費了一百多萬美元研究，參加二〇一六年總統選舉的可能性。在密西根州共和黨人的一次集會上，川普預言希拉蕊最有可能成爲民主黨二〇一六年總統候選人，而共和黨人一旦「沒有挑對人，就會滿盤皆輸」。

三年之後，一切都照著川普之前預案和預測的那樣發生了：

二〇一五年三月二三日，前德克薩斯州議員泰德．克魯茲（Ted Cruz）宣佈參加總統競選，他也是共和黨第一個宣佈參選的主要候選人。

二〇一五年四月十二日，希拉蕊正式宣佈參加二〇一六年總統選舉。

二〇一五年四月三十日，共和黨籍前佛蒙特州議員伯尼．桑德斯（Bernie Sanders）宣佈參選。

二〇一五年六月十五日，共和黨人傑布．布希（Jeb Bush）正式宣佈參選，布希家族一門爲前佛羅里達州州長背書，更被黨內一致看好。

一天之後，川普宣佈加入選戰，正式登上了美國政治遊戲的最高舞台。

最終，川普贏得了大選，成功當上美國歷史上第一位沒有任何政府或軍隊經驗的總統，也是艾森豪之後第一個沒有從政經歷的總統，同時，他還是歷史上年齡最大的首任總統。

川普又一次贏了，在他人生的第七十個年頭上，迎來了一次全新的挑戰。就像他一次又一次打敗商業上的對手一樣。在這場政治角逐中，他又一次笑到了最後。

13

Chapter

贏家之道

川普是個狡猾的生意人，不達目的，誓不罷休。在爾虞我詐的生意場上，他始終昂首挺胸，展示著當仁不讓、捨我其誰的姿態。這種行事手腕看似很不要臉，為達目的絲毫不顧及面子問題。

能力要夠，臉皮要厚

有人說，在這個社會要想成功，要想做一番大事業，就需要有一張厚如城牆的臉皮。這是因爲，成功的道路上，會有各種意想不到的困難等著你。有了這張厚臉皮，針刺不破，槍擊不穿，炮轟不爛，堅強結實無比，如此，還有什麼事辦不成呢？

然而，眞要將這種理論運用到實際生活中，可是難上加難。我們身邊的大多數人皆長了一張好看但不實用的臉皮，有這張臉皮的人，往往具有如下特點：害羞，不願當衆說話，面對機會不願主動爭取等等，因此這類人往往很難成功。

川普做地產生意可謂風生水起，成爲首屈一指的地產大亨。其中一個重要的原因是，他很會耍手段，而且臉皮也足夠厚。

川普旗下位於維吉尼亞州一千三百英畝的川普葡萄酒莊園，就是很典型的例子。

這個葡萄酒莊的前主人，是來自維吉尼亞的一個名叫克魯的女富豪。這座莊園在一九九〇至二〇〇〇時期曾經花費了一兩億美元裝修改建，內部陳設金碧輝煌。可是，由於克魯格生意開始走下坡，被銀行債務壓得喘不過氣，終於銀行做出強行沒收酒莊建築的決定。

最終，銀行標價以一千六百萬美元，打算出售這座酒莊。

這時候，川普的商業嗅覺立刻就開始行動起來。他敏銳地注意到，銀行沒收的僅僅是酒莊建築，而不包括酒莊周圍大概兩百英畝的土地，於是，一個絕妙的計劃在他的腦海裡成型。

第一步，他勸說克魯格家族把酒莊周圍的二百英畝土地以五十萬美元的價格賣給他。買下土地之後，他在土地上樹立非常醒目的告示牌「私人財產，禁止穿越」。這樣就把葡萄酒莊用土地包圍起來，想要進入酒莊，必須要從一條狹長的小路開很久的車才能到達，且路邊都是川普「禁止穿越」的告示牌。

而且川普刻意不對土地進行維護，結果雜草叢生。很多買家看到這樣的景象都望而卻步，銀行被整得焦頭爛額。

這就是川普壓低價格的手段，他用這種手段把葡萄酒莊包圍起來，這對銀行來說簡直是一種災難。

銀行被折騰得幾乎要崩潰，不得不和川普坐下來談價格，最後原來標價一千六百萬的酒莊被川普以極低的三百六十萬美元買走。現在這座酒莊已經轉手，給了川普的兒子艾瑞克．川普生產專供川普集團的高級葡萄酒。

川普對這個生意自然是津津樂道，每次競選造勢大會都要提到它。

川普是個狡猾的生意人，不達目的，誓不罷休。在爾虞我詐的生意場上，他始終昂首挺胸，展示著當仁不讓、捨我其誰的姿態，因爲他勇於乘風破浪，無所畏懼。

本來很忌諱炫富的美國政客們指望選民因此不喜歡川普，可是在美國製造業轉移、產業空心化的現實條件下，川普狡猾的商業技能卻在廣泛的低收入藍領、憤怒的選民中產生強烈共鳴。在競選中也就出現一個奇特的現象——川普越是炫富，選民就越喜歡他。

川普的這種行事手腕看似很不要臉，爲達目的絲毫不顧及面子問題，其實是個人價值觀的突破。這絕非胡攪蠻纏或者無理取鬧就可以達到的，是必須將個人的整體素質進行提煉。

當然，這種境界絕不是那麼簡單就可以達到的。

厚臉皮是練出來的，是經過無數次的摔打和磨礪練出來的，這是一個堅苦的過程，其中的艱辛，遠非臉皮薄的人能體會。

從某個角度來說，臉皮厚是心理素質較好的體現，也是一個商業競爭的潛在素質。不論從事什麼工作，都會經歷多次失敗，但你一定要有耐心，要相信所有的失敗都是爲以後的成功做準備。

雖然這個世界可能有一千條路，但對你來說卻只有一條能到達終點。如果運氣好，可能走第一條就成功了，如果運氣不好，可能要嘗試很多次，但記住，你每走錯一條路，就離成功近了一點。

能力要夠，臉皮要厚，誰笑到最後，誰才會是贏家。

經歷過艱難，才能變得更優秀

作爲美國最具知名度的房地產商之一，川普從事房地產事業超過四十五年，人稱「地產之王」。以他名字命名的大樓，川普集團經營的樓房、酒店、賭場和高爾夫俱樂部遍佈全世界。

除此之外，他還是一名鋒頭很勁的電視人物，熱門的暢銷書作家。如今，又有了美國總統的身份。他爲什麼總是能贏，創造出如此巨大的成就？

在生意場上一次又一次的成功，讓川普成爲名聲赫赫的人物。他歷年來在各個領域中的一系列交易令人眼花撩亂，儘管他極其張揚的個性很不討人喜歡，但沒有人能否認他在事業上的巨大成功。

毫無疑問，川普是一個非常優秀、內心強悍的傢伙。

像川普這樣的人，即使出身於最普通的家庭裡，也不能容忍自己一直平庸下去，因爲平凡的出身，同樣可以成爲一個十分出色的企業家。當然，在從普通到卓越超群，從平凡到出類拔萃的過程中，一定會經歷十分艱難的過程。人和人的優秀品質都不是與生俱來的，成功也從來不是坐等天上掉餡餅。

一項調查顯示，美國最有錢的六位富翁都是工作狂，平均每週的工作時間高達五十六小時。川普一步步走到人生的巔峰，經歷過多少艱難坎坷我們不得而知，但有一點可以肯定的是，無論什麼人，只有經歷過艱難，才能變得更優秀。

川普對成功的勃勃野心和他不按牌理出牌的行爲一樣出名，他對成功有著異乎尋常的苛求。一旦樹立目標，就會不顧一切地實現它。他堅信自己會成功，尤其是在他的總統競選走向混亂尾聲，自己可能面臨一生中最慘重失敗的時候。

在宣佈參加總統競選之前，川普曾接受過一次傳記式採訪，內容涉及廣泛，在那次長達五個多小時的訪談中，川普清楚地表明讓他想像失敗有多困難，更不用說接受失敗了。

「我從沒失敗過。」川普在那次採訪中說，儘管他多次經歷公司倒閉和商業挫折，「因爲我總是把失敗變爲成功。」

不是每個人都可以成功，因為每個獲得成功的人，都要撐過一段艱苦的人生歷程。

每個人都想讓自己變成優秀的人，然而更多時候，我們卻把別人的優秀當作理所當然，而忘記他們曾走過的那段艱辛的旅程。在實際工作中，也許我們能夠稀裡糊塗地找到一份工作，不管自己是否喜歡或擅長，只要待遇比現在好就馬上跳槽。經歷了幾年，我們才發現自己不僅沒有什麼傲人的業績，還淪落到將被社會淘汰的境地。

川普強調，一個人的優秀體現在他有的崇高目標，而且會因此嚴格地要求自己。為了讓自己優秀，讓夢想成真，他們會在工作中兢兢業業，把工作當成自己最重要的事情。如果你能夠為自己確立遠大的目標並能勤勤懇懇地去奮鬥、拼搏，而不是怨天尤人、尋找各種藉口，那樣，即使出身卑微、地位低下，也同樣能夠做出一番成就。

或許我們目前還沒成功，但不要輕言放棄，因為這並不是放棄的理由。事實上，每個成功者都要經歷一段漫長的煎熬，並從中尋找到自己的優點和優勢。眾所周知，人的智慧發展是不均衡的，每個人都有強項和弱點，一旦找到自己智慧的最佳點，便很可能取得出人意料的成績。

川普說，要想成功，就一定要找到自己的優勢，而且要最大限度地發揮它。你的優勢不會一下子突顯出來，只有經歷過一段段艱辛的旅程之後，才能一點點地發現它。

相信直覺，世界每天都在改變

川普認為自己對市場具有一種敏銳的直覺，這種直覺讓他總是能比別人早一步發現商機。因此，在做商業決策的時候，他並不雇用統計專家，而且他也不相信市場調查，他只相信自己的直覺。

在他看來，這個世界每天都在發生著翻天覆地的變化，為了更加敏銳地捕捉到這種變化，他一向自己做調查，然後得出自己的結論。

川普隨時和市場保持著最緊密的接觸，並根據外界的變化不斷改變自己。這是一個需要每天更新的時代，就像我們的電腦一樣，需要不斷更新，才能升級，才能更有效率地為我們工作。人也是如此，面對日新月異的變化，沒有人是不可替代的，唯有以變應變——每天都要吐故納新，摒棄舊思想，吸收新知識，才能讓自己與時俱進，持續發展。反之，如果不能適應這種變化，一味地因循守舊，只會被社會淘汰，成爲人生的失敗者。

川普的辦法就是在做出一個決定前，先問問周遭的人的意見，如果要在紐約買一塊地，他會向住在這一地區周圍的人們打聽他們對於學校、犯罪率和商店的看法。如果是在另一座城市，他就坐上計程車。川普總是愛問計程車司機許多問題，不斷地問來問去，直到開始對某些事獲得某種直覺，這時就是他該決定的時候了。

川普從自己這種隨興的調查中所了解的情況，比從任何一個龐大而先進的諮詢公司所了解的還要多。川普說，這些諮詢公司會從波士頓派來一隊人馬，在紐約租下一個房間，然後寫個長長的研究報告向你收取十萬美金。結果爲了等這種曠日持久的報告得出結論，這筆好生意可能早已被丟得無影無蹤了。

外面的世界時刻在變化，我們必須跟著變，才能適應它。

我們無法想像自己十年後的樣子，就像川普十年前也不會想到自己眞的會當選總統一樣。世事總是這麼美妙，世界的變化永遠超出我們的想像。

想想看十年後，你將成爲怎樣的人？現在你處於什麼位置？如果十年後你還跟現在一樣，那只能說明你的人生太失敗了，你最美好的光陰都白白浪費了。爲了避免這種悲劇出現，你能夠做出最好的事情就是，向這個世界充分展示全新的自我，釋放自己的能量。能量來自於我們的熱情，熱情來自於我們有所追求的心。

反之，如果不適應世界的飛速變化，就會無法適應這個社會，也就無法立足於社會中。面對各種意料不到的變數，我們能做的只有努力跟上時代的腳步，通過改變自己的觀念、想法，積極地適應各種變化。

許多人都有一種「求穩怕變」的心理，擔心一旦打破現有生活狀態，就會影響既有的穩定生活，內心深處對變化有一種恐懼感、憂慮感。

其實，這種擔心大可不必，也許某種變化能給你帶來全新的機遇，使你的人生、事業更上一層樓。

有則寓言說：一隻鳥兒單獨棲息在沙漠中的一株枯樹上，這是牠唯一的棲身之所。有一天，驟起的風暴颳倒了枯樹，可憐的鳥兒悲痛不已，只得飛到百里之外尋覓棲身之處。來到一片森林後，牠發現原來這才是眞正的天堂。

每個人身上都有無窮的潛能，已開發的只是其中很小的一部分，很多人直到臨終都未必知道自己還能做什麼、什麼才是自己最拿手的。因此，從某種意義上講，生活的每一次變化，恰恰是一次挖掘自己、證明自己的良機。

人生原本就是一個變幻莫測的過程，與其怨天尤人，何不用心去享受和體味每一次變化帶來的挑戰和樂趣呢？

川普舉過一個例子印證這個觀點。NBC著名電視節目主持人查理．瓊斯早期專門報導奧運會中的田徑專案，幹得非常出色。突然有一天，客戶告訴他，下屆奧運會將派他去報導游泳和跳水。

聽到這個消息，瓊斯既吃驚又難過，因爲他對這兩個項目完全不熟悉。後來，他嘗試著適應變化，下工夫熟悉游泳和跳水。結果他驚奇地發現，原來他在新的崗位上可以做得更好。客戶也發現這種變化，於是交給他更多富有挑戰性的工作。後來，瓊斯成了美國職業足球名人堂最佳播音員之一。

川普的結論是：主動適應變化的人，往往能在變化中獲得更多的收穫。

不要在意別人的批評

人生旅途上，想走自己的路，總會遇到別人的不理解，甚至很多時候，人們會因爲你在做的事嘲笑你。

川普的建議是：別管他們，走自己的路，你終究會用結果去證明他們的嘲笑其實只是在證明自己的短視，沒有遠見。假如你找到自己喜歡的事情，就不要顧忌外界輿論。只要你所做的事是你眞心想做的，而且通過自己的努力做成了，你會感覺到痛快的成就感。

川普向來對評論家們的話不屑一顧，除非他們妨礙到他的計劃。在他看來，這些批評家都是一群沒有什麼主見的人，他們和其他人一樣搖擺不定，隨波逐流。這個星期他們把玻璃帷幕大廈捧上了天，下個星期，他們又重新愛上老式風格，鼓吹複雜的裝飾形式。他們之中幾乎沒有人了解大衆的需要。

因此，川普得出一個結論，如果這些評論家試圖成爲房地產商的話，必遭慘敗。

在川普大廈建造之前，評論家們對它疑慮重重，對川普提出各種反對意見。

川普卻說：「但民衆很明顯喜歡它！」

川普說的民衆並不是那些在一百多年前就繼承了遺產，在八十四大街和派克大道居住的人們。而是指那些有錢、有漂亮妻子、有紅色法拉利跑車的人，這些像羊群一樣湧進川普大廈的人，才是他的對象。

有意思的是，川普最終還是得到對川普大廈非常有利的評論。評論家們並不想恭維它，但是，川普大廈是如此的富麗堂皇，使他們別無選擇地點頭稱是。

得到好的評論固然是件令人愉快的事，但很多時候我們得到的，卻是一些反對的聲音。川普說，如果你要做成一件事，不要試圖讓每個人都理解你，誤解是在所難免的，儘管非正常容易被誤解，但也只有非正常才能創造非一般的成就。

川普曾說：「我和別人不一樣，我的思維方式與一般人不同，因此我也能提出不同的問題，從不同的角度看到別人無法看到的東西。」

事物本身沒有好與壞，而是看待它的人給了它好壞的界定。處於同一個困境，有人認爲這是最終的結果，川普卻會認爲這是新的起點，結果的好壞往往在於個人如何看待它。

川普曾說過一個故事，有個人整日裡愁眉不展，他極有才華，觀察能力也很強，但老是不斷抱怨自己命運不好、朋友如何存心陷害他。

他工作經驗很少，曾有一兩次成爲公司的招牌人物，卻又突然辭職，而且對辭職的理由說不出個所以然來。原來，他是個很怕受傷害的人。

他誤以爲每個人都瞧不起他、對他很壞。他主觀地猜測身邊每個人做出的每個舉動，說的每句話，揣摩其中的言外之意，認定身邊的每個人都會傷害他，然後努力找各種理由來證明他的設定是多麼正確、多麼合情合理、多麼明智。

他希望別人能尊重他、喜歡他，但又不能確定別人是不是會如此，自卑的心理總是給他負面的答案：沒人會喜歡我，沒人願意和我交朋友，我寧願什麼事都不做也不想看到那些虛僞的人。

就這樣，在遇到機會時，他看到的只是隨之而來需要付出的冒險與代價，因爲他覺得自己的付出換不來別人的尊重。

很多時候人們選擇停留在某處，並非因爲他們能有最佳表現，而是由於那裡是他們覺得最不費力又安全的所在。

更多人選擇嘗試，但是往往遇到難題時就不再前進。他們將許多遺憾歸咎於不可抗力——可能覺得自己不夠聰明，有什麼重大缺陷，長得不夠好看，錢賺得不夠多，父母不夠成功，老師太嚴厲，朋友沒有一個眞誠……等等。

問題是，無論在什麼情況下，總會有成功的人和成功的事，總會有奇蹟出現，挑戰人類對自身的認識。

川普說：「我不敢說每個人都有能力克服自己的難題，由於我沒有資格爲比我歷經更多考驗的人說這樣的大話，但我確實深信人們有追求幸福的能力。」

那種能力，在每個人的思維裡。

「有時候，人們會因爲你在做的事而嘲笑你，別管他們，假如那是你喜歡做的事，去做吧……」川普的這段話非常值得我們深思。

只要你所做的事令你衷心喜愛，人生就無憾了！

具備雄心，巧施手段

川普常常把人分爲兩種，一種是悲觀主義者，一種是樂觀主義者。

通常，樂觀主義者們對最終勝利的期望值都很高，而且他們越是保持樂觀，就越會變得雄心勃勃、鬥志昂揚，做起事來也就越堅決。可以說，雄心勃勃成了樂觀主義者的標籤。

不過，這種人也有個致命的弱點，就是太容易急於求成。在生意場上，表現得急於求成、孤注一擲是最糟糕不過的，最有效的方式是用實力做生意，而手段則是最大的實力。

川普認爲要想在商業領域獲得巨大的成就，最應具備的因素就是耐心，它可以說服自己更好地訂立目標、獲得勇氣，並堅持不懈地向目標奮進。在成功中，耐心顯得尤爲重要，因爲你一旦擁有了這一特質，那麼前進道路上的所有障礙和困難就很容易被清除、克服。

那些有雄心和耐心的人，在經商方面都有一個顯著的特徵，就是他們都有遠大的夢想，志向高遠，他們都認爲自己有能力在擅長的領域內成爲最優秀的人。

那些雄心勃勃的生意人，能夠非常樂觀地面對自己所遇到的各種挑戰。他們堅信，不管遇到多大的困難，自己也一定能夠完成目標，並且付出提前達到目標的決心。對他們而言，唯一的問題是：我應該怎樣去做？

川普認爲，手段是生意人必須具備的能力。對於生意人來說，手段需要想像力和推銷術。你必須讓對方明白，做這筆生意是爲了他的利益，換句話說，你必須具有換位思考的能力。

當假日酒店考慮是否與川普在大西洋城合夥時，他們被川普的項日吸引，因爲他們相信，川普的工程進度比其他任何可能的合夥人都要快。

實際上，川普並沒有那麼快。但他的確盡了一切可能，例如親自去工地視察，向他們證實自己的項目快要建成了。川普的手段是，把他們以前已經趨於相信的印象進一步加深。

當川普買下西區鐵路調度地段時，並不是隨口把它稱爲電視城，也不是因爲好聽才叫這個名子，事實上，他是有意這樣做的。他把電視轉播中心，特別是ＮＢＣ公司保留在紐約，是市政府非常歡迎的事情。把一個轉播中心讓給紐澤西州，無論在心理上還是在經濟上都使人難以接受。

這就是手段，做生意不能沒有手段。

川普說，假如把人生比作排隊享用自助餐的話，那些排在前頭的人也是從隊伍後面開始排起的，然後一點點走到了前面。

要怎樣做才能排到自助餐隊伍的前頭去享用那裡的美味佳餚呢？川普說，答案非常簡單，它只包含兩個關鍵步驟：

第一、去排隊！

第二、一直排下去！

但是令人感到吃驚的是，有些想要排到隊伍前面的人中，雖對那些已經享受到美味的人們持羨慕或嫉妒的心態，卻沒有加入到排列的隊伍裡。他們並沒有意識到，人生就像自助餐，要行動、等待才能吃飽吃好。

接下來，就該談談，如何才能排到隊伍當中去呢？

首先，你要下定決心在自己的領域內成爲優秀的一分子；其次，拿出實際行動去學習任何應該學習的、可以促使自己進步的知識與技能。

那麼，當你進入排隊行列之後，怎樣做才能排到靠前的位置呢？川普說，這就需要堅持，要能夠在隊伍中一直堅持地排下去！一旦你下定決心要成爲行業裡的優秀分子，那就請你一直排在隊伍中吧。

你要一直保持一隻腳在前，一隻腳在後的衝鋒姿勢。任何時間都要堅持學習新的技能，掌握新的知識。

此外，還要努力提高自己的推銷能力，堅持每天都有進步。

假如你加入到隊伍中，並一直堅持不懈地排下去，假如你已經開始前進而且不願意放棄的話，那麼無論任何事情、任何人都不能阻止你前進的腳步。最終，你一定能在你所屬的領域內名列前茅、嶄露頭角。

假如你信誓旦旦地承諾追求卓越，並對此堅定不移的話，最後，你必會成爲行業中技藝最高超、收入最豐厚的人才之一。

川普勸告年輕人：「現在你就站在人生的交叉路口上，你能否做出一個清晰、明確的決定，對你將來是成功還是失敗起著重要的作用。告訴自己：我將會成爲行業內最優秀的人！然後，再用堅持不懈的努力和堅定不移的決心來支撐這個決定，直到你達到目標的那一天爲止。」

在這個世界上，有太多的人每天希望著、祈禱著自己的生活越來越好，但卻忘記做出那些能使自己走向成功的抉擇，沒有孤注一擲的精神與力量。

在生活中，你常常把自己想像成什麼樣子，就會朝哪個方向發展，最終你就會變成那個樣子。正是基於這個原因，假如你不斷地告訴自己要成爲某種樣子，一般情況下你就會實現自己的願望。

當然，你還需要實踐願望的手段。

控制好每一項開支

一個精明的生意人應該學會控制開支，該花的錢必須要花，但不該花的錢一分也不應該多花。當川普跟隨父親建造中低價位商品房時，他最關心的是迅速完工、降低造價、裝修合理，以便在它們賣出時賺點小錢。

那時川普就學會了控制開支，儘管他大把的資金拿在手裡，但他從不亂揮霍。川普從父親那兒學到如何珍惜每一分錢，因為只有善於運用資金，才能使美分變成美元；如果不能控制好每一項開支，離破產也就不遠了。

在川普商業帝國足夠強大的今天，他依然保持著這一良好的習慣。假如他感到承包商收費過高，就會拿起電話，哪怕僅為五千或一萬美元，他也會抱怨。

對方或許會對川普說，你幹嘛為這幾個美元大驚小怪？川普的回答是：等到哪一

天我不能拿起電話花二十五美分去節省一萬美元的時候，我的公司就該關張了。

要想改掉揮霍壞習慣，培養控制開支的好習慣，就必須從大處著眼，小處著手。如果你對小事都不夠專心致志，那麼再小的專案也會失去控制。

在中央公園重建沃爾曼溜冰場的過程中，川普透過自己辦公室的窗戶，每天看到幾百萬的美元被浪費掉，而工作進度卻越來越緩慢。到最後，他再也不能忍受這種現象，乾脆提出自己來幹這件事。

最終，川普接手這項工程，從開始到完工用了不到四個月，而且比原先預期還節省了幾十萬。

錢對於川普來說從不是唯一的刺激，它只是一個記分的方法，但他知道，壞習慣之所以會養成，就是因為小毛病的不斷重複和積累。如果養成花錢不加控制的毛病，將是非常可怕的一件事。

在很多人的思維中，都有想做大事、不屑做小事的想法。有不少人只想著怎麼樣才能成就一番大事業，卻不願意或者不屑於做小事。但到頭來，卻往往是大事沒做成，小事沒幹好。

川普認為，凡大事都是從小事開始的。

很多壞習慣的養成都是從一些被我們忽視的小事慢慢開始的，正是這些小事讓我們一點點地養成各式各樣的壞習慣。很多時候，我們都視而不見，總覺得那只不過是一件小事而已，不會給自己造成太大的影響。因爲不夠重視，所以忽視了它，但它從沒有停止對我們的腐蝕。

忽視身邊的小事，忽視身邊小事給自己造成的不良影響，是壞習慣賴以生存、發展的根源。只有當壞習慣讓我們陷入危機，給生活帶來很大的麻煩時，我們才會幡然悔悟，決心悔改。

川普說，想將壞習慣徹底根除，就必須從小事著手。不要覺得事情太小、太容易了就不好好去做。要知道把它們做好並不像你想像中的那麼簡單。把每一件簡單的事都做好就是不簡單的；把每一件平凡的事都做好就成就了你的不平凡。

當我們想要改掉一個壞習慣時，不僅要下定決心，集中精力，更要能從小事著手，並逐漸累積力量，那麼改掉壞習慣將會變得非常容易、指日可待。累積的威力是巨大的，壞習慣就是靠它養成，好習慣同樣也離不開它。當我們想用一個好的習慣替代壞的習慣時，累積的作用更是不容忽視。

14

Chapter

努力付出，就能收割財富

川普最大的興趣之一，當然就是做成交易，並在交易中賺一大筆錢。他喜歡獲得高分，喜歡做成大買賣，喜歡打垮對手獲得利益，因為沒有比這更棒的事情了。

讓自己對工作充滿激情

川普在他的著作《交易的藝術》中，開篇就寫道：「我不是為了錢而做事情的，我的錢已經夠多了，多到幾輩子都花不完，我是為了做事而做事。畫家在畫布上描繪出美麗的圖畫，詩人寫出優美的詩句，而我的藝術形式就是交易。我喜歡做成交易，特別是大的交易，這就是我成功的方式。」

一個人事業成功的秘訣，就是讓工作快樂起來，唯有愛上自己的工作，否則無論做什麼，都難以成功。如果你熱愛自己所從事的工作，就會更加努力地嘗試，工作就會越做越好，生活也會有滋有味。成功致富最重要的前提是，要了解你的工作並且熱愛它，這兩點會使許多問題迎刃而解。讓工作快樂起來吧，即使遇到了巨大的困難，也要保持微笑面對。

川普無論在事業上遇到多大的困難，臉上始終洋溢著川普式的微笑。這種微笑發自內心，絕不是假裝出來的。微笑可以感染別人，也會增強你面對困難時的信心。只有保持最佳的精神狀態，才能發揮最大的潛能。

川普在總結自己成功的經驗時說：「我專注於自己的激情，所以能讓財富滾滾而來。我對自己的工作是如此地激情澎湃，對我來說，做什麼事都比不上工作時的感覺。這種感覺真棒，有時，我甚至難以成眠，迫不及待地想起床去工作。」

這些話發自肺腑，充分說明了他對工作的激情。

不是每個人都了解，精神狀態是如何影響工作的，但是我們都知道，沒有人願意跟一個提不起精神的人打交道。沒有人願意面對一個精神萎靡不振、牢騷滿腹的人。優秀的人物懂得讓工作快樂起來，而不像許多人那樣把工作當成勞役。他們與普通人的心態截然不同，在工作中取得的成就也就大不相同。

當你讓工作快樂起來時，就會自然而然進入最佳的狀態。一個熱愛工作、幹勁十足的人，和一個被動甚至討厭工作的人，兩者的效率和成績會有著極大的不同。

很多人剛剛進入公司，自覺工作經驗缺乏，爲了彌補本身的不足，常常早來晚走，鬥志昂揚。他們就算忙得沒時間吃中飯，依然很開心，因爲工作有挑戰性，感受也是全新的。

可是，這份激情來自對工作的新鮮感，一旦新鮮感消失，工作駕輕就熟，激情也往往隨之湮滅。激情消失後，一切開始變得平平淡淡，過去充滿創意的想法消失了，每天的工作變成應付了事，既厭倦又無奈，又很茫然。在上司、客戶眼中，這樣的人也由前途無量變成一個平庸無能。

找回工作激情的有效方法，就是保持對工作的新鮮感。

要想保持對工作恆久的新鮮感，首先必須改變只把工作當成謀生手段的觀念，要把自己的事業、對成功的渴望和目前的工作連接起來。

其次，保持長久激情的秘訣，就是爲自己不斷樹立新的目標，挖掘新鮮感。把曾經的夢想找出來，找機會實現它；審視自己的工作，看看有哪些事情一直拖著沒有處理，然後把它做完……在你解決了一個又一個問題後，自然就產生了成就感，這種精神層次得到滿足的感覺就是讓激情每天都陪伴自己的最佳良藥。

「保持激情，讓工作快樂起來」，既是一個人企圖心和進取心的外在表現，也是很多知名人物之所以成功的秘訣所在。

致富的秘訣也是如此，就算你的事業不盡如人意，也不要愁眉不展，要學會掌控自己的情緒，讓一切變得積極起來。

川普曾在書中說道：「如果你對於自己的處境都無法感到高興的話，那麼可以肯定，就算換個處境，你也照樣不會快樂。如果你對自己擁有的事物、自己從事的工作，或是自己的定位都無法感到高興的話，那麼就算獲得你想要的事物，你還是一樣不快樂。」

每個人努力工作，都需要得到回報，這個世界是公平的，只要你願意盡心盡力，就能夠得到回報。

在川普的商業遊戲中，金錢就是他的得分，但遊戲的眞正樂趣並不是金錢，而是在用創造性的方法獲得成功時所產生的興奮感。

川普說：「只要你找到了這種興奮感和激情，金錢就隨之而來。」

這種哲學聽起來很簡單，但川普就是靠它成爲世界級富豪。許多人認爲他在事業起步時，肯定從父親那裡得到了很多金錢和資助，但川普說：「當初，我幾乎一無所有。我父親並沒有給我多少錢，他給了我兩樣最有用的東西：一個是良好的教育，另一個是獲取財富的簡單公式——努力去做你喜歡的事情。」

這就是川普事業成功的秘訣，聽起來很簡單，但眞的很管用。

川普在紐約房地產發光發熱的代表作，便是在這激情下應運而生。

二十世紀七〇年代初，紐約正面臨著巨大的金融危機，四十二號大街上中央車站周圍地區的情況迅速惡化。許多建築都被取消了贖回權；老舊的康莫多爾酒店虧損累累，員工們人心惶惶，無心工作。如果沒人迅速採取拯救措施，這個地區早晚會變成一片貧民窟。憑著敏銳的直覺，川普知道這裡肯定能掘到金礦，憑著改造城市的熱情，他開始在商業舞台嶄露頭角。

川普的別出心裁之舉就是買下這個滿目瘡痍的倒閉飯店，把它變成一個美麗得令人流連忘返的地方。經過改造，老舊的康莫多爾酒店變成了煥然一新的凱悅酒店。通過這番改造，他也讓這個地區重新煥發生機，直到今天仍充滿蓬勃活力。

付出，川普也從中賺到了錢。

川普認為，無論做什麼事情，都應該找到使命感，找到一個超越金錢的偉大目的，只有這樣才會讓自己充滿激情，而不是像庸俗的商人那樣眼裡只有錢，心裡都是貪婪的獨佔欲。想致富，就要拓寬視野，描繪一幅更加廣闊的畫卷：滿足盡可能多的人的需要，為盡可能多的人帶來激情、效率、健康、安全以及活力。

如果想在有生之年成就大事業，就必須具有無比巨大的熱情和激情。無論從事什麼工作，要想做好，激情都是必不可少的。無論你目前的工作是什麼，只要帶著激情去做，奇蹟就會發生。

要想事業有成、人生圓滿，就必須鼓勵自己對自己的工作充滿熱情。在充滿競爭的商業社會中，唯有你自己才能激勵自己鬥志昂揚地迎接每一次挑戰。看那些優秀的人，他們在工作時神情專注，走路時昂首挺胸，與人交談時面帶微笑……因而會讓客戶覺得他們是值得信賴的人。愈是疲倦的時候，就愈要穿著整齊、精神抖擻，不要讓人看出一絲倦容。

總之，每天快樂地去迎接工作的挑戰，以最佳的精神狀態去發揮自己的才能，你就能充分發掘自己的潛能。你的內心同時也會產生變化，變得越來越有信心，在成功致富的道路上彰顯自己的價值。

大膽想像，勇敢追求

很多人都覺得川普好大喜功，喜歡做一些看似不可能完成的任務，而且總能出人意料地把事情做成。他的膽子出奇地大，總是做一些困難重重又複雜的大事。

川普則說，自己之所以勇於挑戰，是因爲他覺得這不是件困難的事。在別人看來是異想天開的事情，在他眼中往往滿機會。他喜歡挑戰自己，要嘛不做，要嘛就做大事。他堅定地認爲，既然我們總要思考點什麼，爲什麼不往大的方面想呢？

大凡意氣風發的成功者，都有一種膽大妄爲的氣質，和不達目的誓不罷休的狠勁，川普說這是一種頑強的生命力。這種力量不僅來自於信念，更來自於激情。他們之所以青雲直上，創造一個又一個輝煌的成績，是因爲他們內心有一股不滅的信念，有一股拼搏到底的激情。

激情，是一種精神層面的神秘東西，它有著無比強大的力量。

大膽想像，勇敢追求，這是支撐川普一路創造奇蹟的激情。川普認爲，這種激情，很大程度上遺傳自他的父親。

每當有人問他：「你的建築知識是從父親那裡學來的嗎？」川普總是回答說：「當然，我所有的建築知識都是從父親那裡學到的，但我從他那裡學到的眞正的東西卻是激情。我父親熱愛工作，一週工作七天，週六週日都不休息；他也是一個快樂的人，他要去工作的時候，會到處轉著看看公寓是否已經清掃乾淨，他把這種情況稱爲薄荷狀態——公寓狀況必須整潔有序。」

川普的父親佛瑞德在布魯克林區和皇后區建造過僅能獲取微薄利潤的樓房時，川普就力爭把這些房子建在最好的地方。川普還在皇后區工作時，總想到森林山丘。後來，川普開始意識到森林山丘或許是塊好地方，但它畢竟還不是第五大道。於是，川普開始把目光轉向曼哈頓，這說明他很年輕的時候，便對自己想要的東西有了很明確的認識。

川普並不滿足過一般人認爲的好成績，他有著更大的追求。

川普一心想創造値得紀念，並只有通過拚命努力才能獲得的佳績。那些老式的褐石房或紅磚樓房，任何房地產商人都能做到，這不是川普的目標。他感興趣的是在曼哈頓西區將近一百英畝的土地上建造宏偉的建築群，或是在派克大道和四十二大街喧鬧的中心車站旁邊，建造一座巨大嶄新的飯店。這無疑是個艱難而刺激的挑戰，但這樣的夢想深深地吸引著川普。

其實，只要細心觀察，就會注意到，許多獲得極大成功的企業家都有川普這種特性。他們的注意力高度集中，精力過人，看問題往往異於常人，有時甚至是偏執而瘋狂的。然而，正是這些特性，構成了他們不同凡響的成功。

川普認爲，這種特性在實現某種理想時舉足輕重。對於在紐約做房地產生意來說，這一特性就更爲重要，因爲，在這兒和你打交道的是一夥世界上最厲害、最冷酷、最貪婪的人。川普恰巧就喜歡和這些人在生意上爭鬥，喜歡打敗他們的快感。

努力付出，就能收割財富

充滿興趣的條件之一就是對當下進行的事情盡情投入，從中獲得快樂。

興趣是一股神奇力量，會驅動一個人全身心地投入，爲了取得成果而賣力奮鬥。

川普在書中曾對投入做進一步解釋：

一、嘗試有可能成功，也有可能失敗。

二、成功的嘗試不僅能收穫到成果，還能得到快樂。

三、不成功的嘗試能收穫到智慧和投入時的快樂。

四、不管成不成功，投入能帶來快樂。

既然這樣，爲什麼不停止內心對後果的擔憂，全心全力地投入呢？

川普始終對工作保持著濃厚的興趣，這使他每晚只睡三到四個小時，因爲他實在太熱愛自己的工作了，每天早上都迫不及待地想起來去上班。他曾經興致勃勃地對身邊的朋友說：「如果你十分熱愛自己所做的事情，你大概也會最多只睡三四個小時。當你爲自己熱愛的事情醒來的時候，實在很難再睡下去。」

川普最大的興趣之一，當然就是做成交易，並在交易中賺一大筆錢。他喜歡獲得高分，喜歡做成大買賣，喜歡打垮對手獲得利益，因爲沒有比這更棒的事情了。對他來說，這種快感甚至超過了性愛。在交易中，當他完全占盡上風的時候，那種感覺實在無與倫比！

川普還有一個巨大的激情，就是蓋出美麗的房子。房地產開發以苛刻和困難多而著名，不能隨心所欲、毫無章法，否則很容易造成人員傷亡和災難發生。它要求極高的精確度，即使是「偶然事故」也絕不允許。川普說：「我喜歡這個挑戰，我喜歡變得精細，喜歡做一份一絲不苟的工作。因爲我喜歡，所以我就做得很好，我還把這個方法用在自己所做的每一件事上。」

川普的企業十分成功，建築也非常著名，得到很高的聲譽，但他仍然堅持進行檢查。他總是花很多時間，細緻地檢驗建築品質。有時候，川普特地撥時間到工地，只是爲了親自確認一遍。他爲了維持高標準，採取了一系列行動。實際上，川普這麼做的目的就是保持自己的巔峰位置，「這可能並不必要，但它很重要。」

他在自傳中寫道：「我喜歡接手沒有開發過的土地，然後把它變得壯麗非凡。美麗和優雅是我的另一種激情，無論它是從一個女人身上，還是從一件藝術作品身上體現出來。美不是膚淺的東西，不僅僅是看上去很漂亮就可以，它是一種風格的產物，來自深刻的內涵。對我來說，風格之美和內心激情完全交織在一起，我不想在二者之間進行任何取捨。」

現實生活中，總有那麼一些人對什麼都不感興趣，自身也沒有什麼特長，水準一般，工作上也沒有激情，川普把這些人稱爲無趣一族。無趣一族覺得不論是工作還是生活，就是這個樣子，自己不能改變，只能順從。

川普認爲這種心態是錯誤的，這個世界很公平，努力了，付出了，便可以獲得最大的回報。所以成功者會越來越成功，而失敗者往往會越來越失敗。川普在工作中是快樂的，當然比其他人更容易成功。這就是川普的心智模式，對於工作，他總是快樂和激情，全情投入。他在成功的時候收穫到成果，在失敗的時候收穫到智慧，而不管是什麼結果，他都能收穫到過程中間的快樂！

付出激情，成就人生

激情，是任何事業成功的關鍵所在。

川普曾在著作中說：「對於那些雄心昂昂、富有事業心，想有所作爲，渴求在工作上勝人一籌並脫穎而出的員工而言，掌握和運用好這種積極主動和超越進取的工作理念極其重要。」

每當川普談起成功的時候，總是從同一個話題開始，這個話題就是：你必須熱愛自己所做的事。

川普和其他知名商業領袖之所以能夠成功，就是因爲他們熱愛自己所做的事。他一貫認爲，如果一個人熱愛自己的工作，就會更加努力，每一件事都會變得更容易。要想成功，就必須熱愛自己所做的事。

在當今近乎白熱化的市場競爭中，僅僅具有閃亮刺眼的學歷、證書或者精湛熟練的專業技能，是難以佔據優勢的。想要脫穎而出，最關鍵的原因就是，假如你缺乏對工作的滿腔激情和熱愛，你就不會懷有對工作積極、負責的態度。可想而知，如果你不是十分積極負責，那麼，誰也不敢奢望你有十分突出或優異的工作績效。

那麼，怎麼才算得上對工作滿懷激情呢？

川普曾經非常明確地劃分「工作激情」和「敬業精神」這兩個極其相近又不盡相同的概念。前者是指員工自覺自願、發自內心的對工作全心的熱愛和投入，並且樂此不彼，經常達到物我兩忘的巔峰狀態和絕佳境地。而後者只不過是員工以自有的專業知識及技能，機械性但往往缺乏感情地完成自己的「任務」。

我們可以很輕易地判別兩者的差別所在：前者是主動的、是「我願意和喜歡的」、充滿愉悅感和滿足感的；而後者則是被動的、義務性的，難以為自己帶來快樂和享受。

可以明確地說，工作激情是成功致富的必要前提。只有滿懷激情地將老闆囑託或委派給你的任務看成是「滿心歡喜」的事情，看成是實現人生夢想和價值的天賜良機，看成是發揮個人才幹的難得機會，才會有非常強烈的願望，千方百計克服困難，做出非凡的成績，讓眾人刮目相看。一旦達到這樣的效果，那麼美好的職業遠景就漸漸展現在你的眼前，讓你指日可待。

激情只能用心靈來感受和體會，恰恰是這樣一種隱身遁形卻又眞實存在的精神，像磁場一樣具有無法估測的巨大能量，它創造了無數的豐功偉業，成就了不可勝數的歷史巨人。

沒有激情，就沒有任何事業可言。川普解釋說，激情是一種原始的奔放的熱情，代表了我們對生命的渴想，蘊含著勇氣與冒險，包含著快樂的追求。

激情是一種偉大的能量，無論何時！

川普曾在他的自傳中寫道：「如果沒有激情，生命就暗淡無光，而激情會讓你堅韌無比，永不放棄。實際上，如果不付出巨大的專注、堅持和勤奮，我就無法取得君悅酒店那場勝利。在整個挑戰的過程中，我都懷著巨大的激情，要化腐朽爲神奇，把醜陋的東西變得魅力四射。這種激情讓我不斷前進，並替我贏得了許多贊同的聲音。」

在川普看來，恰恰是這種不斷進取的激情，持續地激發著年輕的他爲了完成一項極具挑戰性的艱鉅任務而幾天幾夜不休息；可以承受連續幾年、十幾年，甚至幾十年如一日地去做繁瑣細碎的工作而勇奪桂冠；可以在面臨任何艱險阻時毫無畏懼地超越巔峰，可以在面臨無數次拒絕時仍舊不放棄而志在必得；可以不惜一切代價地去勤勞努力，不達目毫不罷休！

從老川普到川普，我們都可以看到一個成功者必備的品質——澎湃的激情、燃燒的激情。

願意付出激情的人，人生會更加出色。事實上，不論在美國，或是其他國度，所有在事業上取得偉大成就的人，都離不開激情二字。

比爾蓋茲曾說：「每天早晨醒來，一想到所從事的工作和所開發的技術將會給人類生活帶來的巨大影響和變化，我就會無比高興和激動。」

恰是這種激情激勵著他，使他成功創建了世界上聞名的公司之一，使個人電腦遍及到世界上每個角落，給人類的工作和生活帶來極大的便利。

薩姆．華頓，是沃爾瑪公司的創始人，年過八十歲的時候，還整日奔波、幹勁十足地在全國巡察他那無比龐大的連鎖帝國。據說，他曾經在南美洲進行市場考察的時候，因爲在超市裡旁若無人地不停上下攀爬、丈量貨架之間的間隔，而被報警送到警局裡。

雖然每個人的目標和夢想都具有獨特性，不是所有人都像這些超級富豪一樣把創造和積累大量的財富作爲自己的至愛，但一定要對自己喜歡的事物充滿無與倫比的激情。人降生在地球上，不是爲了飽食終日、虛度光陰、碌碌無爲地度過一生，爲的是要充分實現個人的自我價值，展現個人的亮麗風貌，最大限度地發揮自己的天賦才能，塑造最好的自己。

不管你目前從事什麼工作，最重要的，就是要點燃自己對工作的激情之火。川普曾經說過：「川普集團裡，連最普通的職員都熱愛自己的工作，假如你不能，那你就沒有在這個行業裡混的資格。」

只要我們對自己從事的工作，對自己投入的事業、對個人生活，都充滿激情，那麼我們就會對工作、事業和生活由衷地懷有迫切的期許、昂揚的情緒，以及持久的前進動力。

川普勉勵想有一番作爲的人，只要充滿激情，就會調動一切積極因素，把內在和外在的所有可用資源都整合起來，加以運用，創造性地實現目標。只要充滿激情，就會感染到工作和挑戰中的愉悅的刺激，快樂地工作，快樂地生活，把工作和生活視爲藝術般享受，自得其樂，絲毫不減激情。

相反的，如果欠缺激情，沒有強烈的自主意識，那麼就會消極地等待，對工作、對未來缺少興味。

川普指出，這樣被動軟弱的情緒註定與成功無緣，也不可能創造財富，因爲這樣的人從一開始就與成功的方向背道而馳。這樣下去，結果就是使自己背離成功的航道，找不到揚帆航行的明確方向，導致整個生活和事業目標全盤落空，永遠不能到達理想的彼岸。

無論何時何地，只有滿懷激情，才會增加迫切感，全力以赴地去達成自己的目標。憑藉激情，我們才會勇敢大膽地乘風破浪、披荊斬棘、攻克難關，做好自己的工作，享受創造財富過程中的無窮樂趣。

也只有這樣做，才能夠實現自己的最終期望，不論你是渴望成爲富豪，還是想在自己感興趣的領域有一番成就。

只有足夠拼命，才能足夠成功

不經歷苦痛，怎能體會到成功的快樂？闖蕩曼哈頓，對川普來說，是一次難得的歷練。面對商海初期中的種種挫折，川普有時也會手足無措，思緒混亂。然而痛苦就像一枚青青的橄欖，品嘗後才知到它的甘甜，品嘗需要勇氣。

其實，每個人在自己的生活裡和事業發展的道路上，都可能遇到各式各樣的挫折，只有保持積極心態，學會忍耐，善於控制住自己，才能儘快走出挫折的陰影，從挫折中得到磨練，走向成功。

川普是一個爲了事業不斷拼戰的人，總是激情滿滿，投入所有精力在自己的事業上。幾乎所有人都知道，他工作起來很瘋狂。這麼拼命的結果是，川普比他爺爺和爸爸生意做得都大，一躍成爲世界級別的富豪，把家族的姓氏寫到了摩天大廈上。

川普也許並不是最聰明的地產商人，但他絕對是最有激情的。他深信，激情比聰明和天賦更加重要。和川普一同登上商業舞台的，還有很多野心勃勃的年輕人，他們很有天賦、很聰明，但他們當中大多數人都失敗了，原因就是缺乏激情。

實際上，這些人當中的很多人都可以稱爲「空想家」。這種人有個最大的特點：他們總是有一些偉大的新念頭，覺得有一天會付諸實施，但實際上從來沒有動過手。偉大的新念頭只停留在腦海中，永遠觸發不了他們的激情。欠缺激情的結果，這些念頭很快就煙消雲散，不了了之。

川普是這麼說的：「靈感就像羽毛一般飄忽不定，轉瞬即逝，必須用極大的熱情，才能把它們轉化成玻璃、水泥和鋼鐵。」

再好的創意如果不能落實執行，永遠都是廢紙一張。川普強調，想成功致富，就必須把那些念頭變成實實在在的東西。在念頭化爲泡影之前，要趁熱打鐵，用激情給它們增加重量。激情正是一種靈丹妙藥，能讓人產生無比強大的動力，將偉大的新念頭落實在行動上。

在美國歷史上，有很多偉大的人物，他們並不是很有天賦的人，卻靠著熊熊燃燒的激情取得了巨大成功。事實上，在這個世界上，參與競爭、獲得成功，都必須有巨大的激情。

那麼，如何才能發現激情呢？

川普建議，可以試試下面的辦法。在某個時間，摒除所有你可能產生的判斷和理智評估，只需要毫無拘束地想像：什麼才是你眞正切實想做的事情？如果生命中只能做一件事情，它會是什麼？如果有一件事的樂趣讓你沉浸其中、廢寢忘食，它會是什麼？如果有一件事讓你極爲享受，即使沒有報酬也會去做，它會是什麼？你做什麼事情會感到無比的自我滿足？什麼事情會讓你登峰造極，一直做到巔峰極致？如果你能夠成爲一個自己崇拜的人，他會是誰？

然後，要現實。做喜歡的事情同時意味著要做可以做到的事情、擅長的事情。要認眞評估自己的實力，找到擅長的能力。要想一想，自己的天分在哪裡？做過的事情裡什麼最讓你感到驕傲？對你來說，什麼樣的行爲是最容易也最自然？當你思考喜歡的工作時，一定要胸懷大志，立志取得驚人成就！

當你做著自己喜歡的工作時，它就不僅僅只是工作了，因爲行爲本身已經成了動力之源。川普對自己的工作充滿了激情，無比旺盛的激情使他成爲最富創造力的世界富豪之一。

了解自己，做最好的自己

不少人認爲川普是一個不按牌理出牌的怪咖、行事張揚的狂人、投機狡詐的富豪、爲了勝利不擇手段的政客。事實上，拋開個人好惡，就商業領域而言，他絕對是一個精采絕倫的財富煉金師，締造了龐大的商業帝國，累積了傲人的資產，在商場上總是出奇制勝、無往不利，打敗了一個又一個強勁對手。

這是因爲他了解自己，也勇於做最好的自己。

大家都希望自己能夠做到最好，但事實上並不是每個人都能夠做到，因爲我們通常不清楚處於哪種狀態中的自己是最好的。了解眞實的自己才是做好一切的保證，如果根本不清楚自己，那麼，想成爲最好的自己就無從談起。

很多人都會說，我十分了解自己。眞的是這樣嗎？了解自己，單單是知道自己的興趣、喜好、特長，有什麼樣的個性就夠了嗎？其實，把自己了解清楚並不是一件很容易的事，一個人即使具有很高的學歷或者在社會上歷練多年，都不見得能夠眞正熟悉自己。

要想讓自己做到最好，就必須清楚認識自己。清楚認識自己是一個動態過程，因爲伴隨著自己閱歷和經驗的增多，隨著接觸的事物的不同，觀念也會隨之發生變化。

在清楚認識自己的過程中，我們會面對三種人生失望，分別是不了解自己時的失望、對自己不滿意時的失望，以及自己能力不夠時的失望。如果我們不能認清這三種失望，並且加以超越，那就很難成爲最好的自己。

所謂的「不了解自己」的失望，指的是一個人在社會上奮鬥了許多年，卻不清楚自己追求的究竟是什麼。追求是內心慾望的外在表現，慾望則是一個人想發揮內在潛能，朝著自己目標奮鬥的慾念。然而，許多人並不知道自己在追求什麼，也不知道追求什麼才能讓自己眞正感到滿意。

一個人如果不太了解自己，就會庸庸碌碌過完一生。一旦意識到這一點，自己就會感到痛苦，繼而陷於深深的自我折磨中。

第二種是「對自己不滿意時的失望」。一旦發現了眞正的自己之後，我們就會問自己：「願不願意做這樣的自己？」有些人發現了眞正的自己後，卻不喜歡這個自己，因爲面對眞正的自己並不是一件很容易的事。此外，認識了眞正的自己，那就意味著必須開始爲自己承擔責任了，但爲自己承擔責任的壓力是異常沉重的。

許多人不願做眞實的自己，是因爲他們大多選擇逃避責任、躲避壓力。

第三種是「能力不夠時的失望」。想要做那個眞實的自己，就必須經受時間的考驗。當一個人決定想成爲眞實的自己時，就會努力去做一個眞誠的人，可往往最後卻發現不能成爲那個理想中最好的自己。

其實想成爲眞實的自己，過程是十分艱難的，如果沒有頑強的韌性和堅持不懈的毅力，就會感到自己心有餘而力不足，一系列的困境和壓力會讓自己感到失望，心靈備受煎熬。

在現實中，在我們追求達到最佳人生狀態的過程中，都會遇到這些問題。能夠深刻了解「成爲最好自己」過程中的難題，面對難題時，心態才會變得積極、冷靜。

當川普回顧自己做過的所有成功的生意時，和那些被自己搞砸或丟掉的生意時，總結出一些帶有共性的東西，也就是所謂「訣竅」，並把它寫進了自己的書裡。但是，這些訣竅和我們經常在電視上見到的狂熱鼓吹、自我宣傳不同。川普很誠實地說，他不能保證他所說的「訣竅」，能使人們在一夜之間變成百萬富翁。

因爲這些「訣竅」是屬於川普的，人們只能借鑑，很難模仿。每個人都是與眾不同的，擁有做生意這項才能的人，訣竅也各不相同。學習別人的訣竅，並不是依樣畫葫蘆，而是爲了學習借鑑，進而找到屬於自己的成功方程式。

令人遺憾的是，很多人並不明白這個道理，以爲看幾本名人傳記，以爲學會了成功人士事業有成的訣竅，興致勃勃拿過來套在自己頭上，結果可想而知。川普說，依賴別人的訣竅，讓自己獲得成功的人，在生活中很少能有這樣的事。而更多的則是，很多人想把別人做生意的套路照著再來一遍，卻以破產而告終。

每個人都具有獨特的細胞和直覺，只要經過實踐和累積可能獲得極大成功，別人的經驗和訣竅只能當作參考。

並不是說別人訣竅沒有用，而是它們是別人的成功法則，卻不一定適合自己。那爲什麼我們還要學習這些訣竅呢？

當然是爲了借鑑。要把這些訣竅消化，變成自己的知識，遇到具體問題的時候，能夠以此爲依據，快速找到屬於自己的解決之道。

Be Human
by Wisdom

Thick Black Theory is a philosophical treatise written by Li Zongwu, a disgruntled politician and scholar born at the end of Qing dynasty. It was published in China in 1911, the year of the Xinhai revolution, when the Qing dynasty was overthrown.

Be Human
by Wisdom

做人靠手腕

摸清對方的心理，做事才會更加順利

做事靠手段

全新增訂版

莎士比亞曾經寫道：

「想要成功，就必須在對的時機做對的事，就像船要出海的時候，必須趁著漲潮的時候。」

確實如此，活在這個人人都絞盡腦汁想要出人頭地的時代，想讓自己快速獲得成功，做人做事除了要比別人努力之外，更必須及時調整自己的思考模式與行動準則。要讓腦袋適時轉彎，該用手腕的時候就運用手腕，該靠手段的時後就施展手段。

不知道審時度勢，不知道做人做事訣竅的人，永遠不可能是人生戰場的贏家。

Thick Black Theory is a philosophical treatise written by Li Zongwu, a disgruntled politician and scholar born at the end of Qing dynasty. It was published in China in 1911, the year of the Xinhai revolution, when the Qing dynasty was overthrown.

陶然 編著

智謀經典

62

川普厚黑學

作　　者　左逢源
社　　長　陳維都
藝術總監　黃聖文
編輯總監　王郡凌
出 版 者　普天出版家族有限公司
新北市汐止區忠二街 6 巷 15 號
TEL / (02) 26435033 (代表號)
FAX / (02) 26486465
E-mail：asia.books@msa.hinet.net
http://www.popu.com.tw/
郵政劃撥 19091443 陳維都帳戶
總 經 銷　旭昇圖書有限公司
新北市中和區中山路二段 352 號 2F
TEL / (02) 22451480 (代表號)
FAX / (02) 22451479
E-mail：s1686688@ms31.hinet.net
法律顧問　西華律師事務所・黃憲男律師
電腦排版　巨新電腦排版有限公司
印製裝訂　久裕印刷事業有限公司
出 版 日　2024 年 7 月第 2 版第 1 刷
ISBN◉978-986-389-931-0　　條碼 9789863899310

國家圖書館出版品預行編目資料

川普厚黑學 ／
左逢源著.—第 2 版.—：新北市,普天出版
2024.07 面； 公分. - (智謀經典；62)
ISBN◉978-986-389-931-0 (平裝)

普天之下・盡是好書

普天出版家族
Popular Press Family

凌雲文創
A-Plus Creative Company

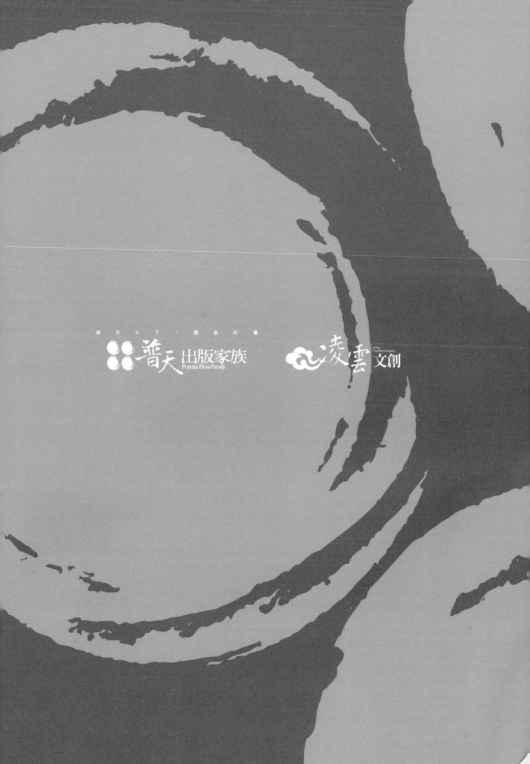